上海

這是什麼呢？

（答案見P2）

Lala Citta是義大利文的「城市=La Citta」，
和享受輕快旅行印象綜合而成的用語。
書中匯集了外灘的復古建築、美景餐廳、
可愛的中式雜貨、美麗的夜景景點等…
不可錯過的旅遊時尚新主題。
當你在想「今天要做什麼呢」時就翻翻這本書吧。
歡樂旅遊的各種創意都在書中

ララ Citta 上海 CONTENTS

編排自我風格的行程 上海旅行 Select Plan

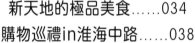

P1照片的解答→小籠包主題的茶具組（吾同書局→P26）

本書的標示

- 🌍…世界遺產
- …必看景點
- …絕佳景觀
- ⏰~30分…大約30分
- ⏰30~120分…30～120分
- ⏰120分以上…120分以上
- …有英文版菜單
- …有諳英語的員工

- …需事先訂位
- Ｓ…單人房，或是單人使用雙人房的住宿費
- Ｔ…雙人房的1晚住宿費
- ★…由中國旅遊 (觀光) 局評比 1～白金5星
- …有餐廳
- …有泳池
- …有健身房

交…交通　住…地址　電…電話號碼　時…開館時間、營業時間
休…公休　金…費用 (成人1人份)　參費…參考費用

其他注意事項

○本書所刊載的內容及資訊，是基於2017年7～8月時的取材、調查編輯而成。書籍發行後，在費用、營業時間、公休日、菜單等營業內容上可能有所變動，或是因臨時歇業而有無法利用的狀況。此外，包含各種資訊在內的刊載內容，雖然已經極力追求資訊的正確性，但仍建議在出發前以電話等方式做確認、預約。此外，因本書刊載內容而造成的損害賠償責任等，敝公司無法提供保證，請在確認此點後再行購買。
○地址、街道等名稱主要以繁體中文標示，並依照當地文字使用習慣提供簡體中文對照。
○休息時間基本上僅標示公休日，略過過年期間、農曆新年、國定紀念日等節日。
○費用的標示為成人的費用。

上海玩家強力推薦

旅行 (女子的) *Key Word*

在復古&現代的街道漫步，
還有極品美食、中國風雜貨…等，
在上海旅行有好多樂趣！
其中，我們也請各位上海通，
告訴大家在上海旅行時
絕不能錯過的Key Word。

(*Key Word* ❶)

可以感受租界時代氛圍的
古典洋房
→P18.41.46

推薦人｜自由寫手、編輯 **萩原晶子** 小姐

上海留有許多建於19世紀半到20世紀半租界時代的洋房。有很多洋房已將屋內改裝成餐廳或商店，其中我最推薦的，就是前身為舊怡和洋行、位於外灘27號8樓的「羅斯福色戒餐廳」，在這裡還可眺望浦東壯觀的高樓大廈景致。此外，當地人稱作「老房子」的舊洋房也很棒。上海菜餐廳老洋房（→P81）因為1930年代的上海黑幫曾居住於此而聞名。

1 建於20世紀初的洋房建築林立的外灘區域　2 位於外灘27號內的羅斯福色戒餐廳（→P19），晚餐時間從餐廳眺望出去的夕陽是這裡最引以為傲的景色　3 改裝自知名黑幫老大：杜月笙故居的老洋房（→P81）　4 建於1920年的外灘27號（→P19）　5 在茉莉酒廊（→P18）可品嘗到正統的下午茶

PROFILE

長居上海13年。主要從事上海的藝文資訊、街道趣聞為主題的雜誌與網站工作。

Key Word ②

刺激少女心的
中國風上海雜貨
→P52

推薦人｜公關公司 總經理 **板屋美幸** 小姐

「中國風（Chinoiserie）」一詞源自於法文的「中國風情」。在以自我風格詮釋中國傳統意象的中國風雜貨中，若想尋找高品質絲綢或喀什米爾羊毛製品，我相當推薦店位於外灘的安梨家居。同地區內還有絲質繡花鞋相當受歡迎的Suzhou Cobblers，以及販售中國茶的宋芳茶館，造訪外灘時可以順道去看看。

PROFILE
長居上海16年，是大型公關公司上海分公司的總經理。著迷於美食與酒品，從最新的人氣店家到內行人才知道的隱藏景點都廣泛網羅的資訊達人。

1.石怡集（→P32）中，陳列著許多以中國古典為主題設計的雜貨和陶器 3
2. Suzhou Cobblers（→P52）色彩鮮艷的繡花拖鞋是超人氣伴手禮 3.蘇州師傅一針一針仔細縫製的鞋子是Suzhou Cobblers的驕傲
4.從大大的拱型窗灑落柔和陽光的安梨家居（→P52）店內
5.安梨家居的化妝包。提著燈籠的兔子刺繡躍身於化妝包上。

Key Word ③

價格更加便宜又極為美味的
上海道地美食
→P42.48

推薦人｜攝影師 **長塚奈央** 小姐

上海的小吃中，外觀最驚人的就是插著吸管的大湯包。這道菜要用吸管吸取湯包裡的湯汁，由於湯包很燙，要小心品嘗避免燙傷。名產小籠包當然不用說，還有生煎包、湯品等，值得推薦的小吃不勝枚舉。此外，說到上海果然就會想到上海蟹。光是簡單地將上海蟹蒸熟，熱呼呼的蟹黃就既濃郁又美味，請大家一定要嘗嘗看。

PROFILE
在雜誌《相機日和（カメラ日和）》主辦的攝影學校等擔任講師。喜愛旅行，著有《上海口服案內》（六耀社出版）一書。也曾負責《I love 上海》（FIGARO voyage）的攝影工作。

1.南翔饅頭店（→P42）的小籠包。排隊人潮絡繹不絕，但就算需要排隊也值得一嘗 2和豐樓（→P26）的蟹黃灌湯包（插著吸管的大湯包）3上海家喻戶曉的名店：王寶和酒家（→P43）4楚楚園餡餅粥（→P49）的魚丸湯很清爽又好吃

{Key Word ④}

適合逛街兼散步的好地方
巷弄裡的翻修區域
→P30.40

推薦人 | 非虛構文學作家 **須藤みか** 小姐

若想享受街道散步的樂趣，翻修自里弄住宅的區域是非常受歡迎的地點。「里弄住宅」是指在19世紀後半到20世紀前半，圍繞著里弄（意指巷子）建造的集合住宅，擴展自一條巷弄「泰康路」、咖啡廳及商店櫛比鱗次的「田子坊」（→P30）就是其代表。如果有事先調查上海的歷史，在巷弄中散步會變得更加有樂趣。

1.泰康路上有3個通往田子坊的入口大門，根據旅途目的來使用吧 2.有上海傳統的石庫門建築林立，巷弄裡處處都很好拍照。其中也有很多狹小的巷子，小心不要迷路了 3.扇子（→P32）有多種畫有中國獨特花樣的扇子 4.在店面汰換率高的田子坊中人氣依舊屹立不搖的石怡集（→P32） 5.在田子坊的上海盈稼坊工作室（→P31）可以找到繡有鮮豔刺繡的苗族雜貨

PROFILE
居住在上海，著有《續，來自上海！令人驚愕的中國式作風（暫譯）》、《上海日本人（暫譯）》（講談社出版）等多部著作。以《胚胎培養師（暫譯）》一作獲得第16屆小學館非虛構文學大獎，也持續針對中國以外的領域進行採訪。

{Key Word ⑤}

更深入接觸上海的魅力
獨家中式體驗
→P59

推薦人 | Concierge上海總編輯 **湯佳寧** 小姐

來到上海，當然會想嘗試中國風格的體驗活動。要不要來訂製屬於自己的旗袍呢？從選擇布料、款式到製作完成需要約4天的時間。此外，「好想試試看特殊活動！」的人，請務必去變身寫真館看看。藉由化妝與照片後製技術，會讓你變身成連自己都驚訝「這是誰啊！？」的樣貌。不要害羞，徹底改變自己就對了。

PROFILE
長居上海7年，生於中國、長於日本的雙語使用者。27歲時就任日語免費雜誌「Concierge上海」的總編輯。從超便宜又超好吃的當地美食，到充滿藝術感的奢華世界都不放過，每天都盡情享受上海生活。

1.首先要選擇布料與款式。看到喜歡的衣服就不要客氣，儘管試穿吧 2.為了製作合身的旗袍，服務員相當慎重地量尺寸 3.穿上中國女孩的服裝，在相機前大變身！

Key Word ⑥

別錯過全新開幕的上海塔！
浦東的近未來景觀
（→P20）

推薦人 | 攝影師 **中田浩資** 先生

說到能代表上海的景色，就是浦東高樓大廈林立的景致。以2016年開幕的上海中心大廈（上海塔）（→P20）為首，從瞭望台眺望下去，就能欣賞到不同於從外灘看到的平面式的風景，是有深度的極致景觀。拍照時，將相機貼在玻璃上，就能防止反光，拍出漂亮的照片。如果從外灘方向看過來，建議在上午順光的時候觀賞。此外，從浦東可以看到五顏六色的船以外灘的夜景為背景來來往往的景色，這也是上海才有的風景。從東方明珠低矮的瞭望台將黃浦江一起入鏡也很有趣。

PROFILE
1997年～99年旅居北京期間，在通訊社拍攝新聞照片，自2004年起轉為自由業，從事以拍攝旅遊照片為主的攝影活動。與下川裕治共同著有《超深度縱貫歐亞大陸鐵道旅行（暫譯）》（株式會社KADOKAWA出版）。

1 從外灘（→P16）看到的浦東。每次造訪都會多出新的建築物，即使是再訪旅客也能以新鮮的心情欣賞景色 2 從上海中心大廈（上海塔）（→P20）看見的景色。超高層大樓緊密排列的樣子給人近未來的印象 3 夜間點燈時的東方明珠（→P21）。有活動時會變換成紅色或粉紅色等五彩繽紛的色彩

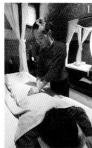

1 技術深受好評的悠庭保健會所的腳底按摩 2 佰草集漢方SPA（→P90）提供10種以上臉部療程 3 青籟養身的按摩室裝潢採亞洲風格

Key Word ⑦

沉醉在神乎其技的手上功夫
天堂般的SPA＆按摩
（→P56・90）

推薦人 | 上海美容記者 **ヒキタミワ** 小姐

在上海，絕對要盡情享受這裡的按摩服務。無論是中式全身按摩還是腳底按摩、精油按摩等的施術品質都很高，也有很多講究店內裝潢和服務的美容室，因此身心都能獲得療癒。最推薦的是青籟養身（→P58）和悠庭保健會所（→P91）。不只是按摩，連SPA的價格也很實惠，來上海重整疲勞的身體吧。

PROFILE
居住上海已到第21年，是上海美容記者、媒體協調員，也在生活綜合資訊網站「allabout」擔任上海導覽員，持續為日本提供上海的最新資訊！
allabout.co.jp/gm/gt/326/

旅行 (女子的)

News & Advice

在上海造成轟動的景點陸續登場！
上海達人將提供給我們各種知道就賺到的資訊。
從讓移動更便利的交通卡，
到能得到當地最新情報的地點都有，一定要來看

Happy News
上海迪士尼度假區&
備受矚目的迪士尼商店登場

占地廣達3897k㎡，是亞洲第三座迪士尼度假區。除了有迪士尼樂園首座象徵全體迪士尼公主的城堡外，在進入公園後旁邊就是世界第一個以米老鼠和他的夥伴們為主題的「米奇大街」。此外，還有「上海迪士尼樂園酒店」以及「玩具總動員酒店」這兩個直營飯店、可以享受購物和餐飲樂趣的「迪士尼小鎮」，和能欣賞美麗庭園和湖景的「星願公園」都很受矚目。世界最大的迪士尼商店「上海迪士尼旗艦店」也在上海中心地區開張了，擠滿了想買迪士尼角色商品的中國迪士尼粉絲。

上海迪士尼旗艦店於
浦東中心地區開張

作為樂園象徵的壯觀城堡
「奇幻童話城堡」

上海迪士尼度假區 MAP 別冊 P3-D3
上海迪斯尼度假区

上海迪士尼旗艦店 MAP 別冊 P8-A1
迪斯尼商店上海

交M11號線迪斯尼站步行5分
住申迪北路753號
☎021-3158-0000 時10〜22時
休無 金370元〜
（週六、日、假日為499元）

交M2號線陸家嘴站步行3分
住豐和路180號
☎不公開
時10〜22時 休無

世界第一座
可以進入城堡
下方房間的遊樂設施
也在此登場

照片皆為迪士尼版權所有©Disney

Happy Advice
想找便宜又可愛的商品
批發市場是隱藏寶庫

可以找到
中國風的飾品

說到豫園就會想到是上海數一數二的觀光勝地。其實就在離豫園咫尺之處，有一座批發市場！並列在福祐路（別冊MAP P7-D3）旁的幾棟大廈裡整棟都是批發市場，無論是適合當伴手禮的中國風小物還是絲質布製雜貨，都能以經濟實惠的價格購買。由於很多店內陳列得不是很整齊，在雜亂堆積的物品中享受尋寶的樂趣。如果大量購買的話，也比較容易殺價喔。（寫手／船越玲子）

福祐商廈（→P54）裡緊密排列著小小的批發店！

上海 Profile

出發前必check!

六角形的高塔是大世界的標誌

News 睽違14年，大世界全新開幕！

自1917年建造以來第100年，大世界（別冊MAP P6-B3）於2017年3月翻修後再度開幕。在占地6537㎡的四層樓建築中，可在中庭的舞台區觀賞傳統戲劇。1樓展示著把人像映照成扭曲姿態的鏡子：哈哈鏡。二樓以上的樓層有各式各樣的展示品，也可以在這裡跟製作者交流。

M 8號線大世界站步行2分　住 西藏南路1號　電 (021) 63203484
時 9～17時（週末18～21時也有營業）　休 週三　金 60元

Happy Advice

翻新老品牌的雙妹（→P53）

上海美人的秘密就在於化妝品

雙妹是創業於1930年代、曾在上海紅極一時的老字號高級美妝品牌。翻新他們當時推出的產品、融合東西方美容法開發出的美妝品，現在也一直很受上海女性喜愛。包裝設計也很復古又漂亮，非常適合女孩子。除了化妝品外，日用品也很出色。（上海美容記者／ヒナキタミワ小姐）

復古包裝感覺很時髦的香皂

Happy Advice

一個人去也能吃得開心的美食廣場

中國菜份量都很多，適合一群人吃，一個人旅行時，就很難點各種菜色，這點真是美中不足……在此為單人行的朋友帶來好消息。在最近陸續開幕的購物中心裡大多都設有美食區，裡面也有許多市內的人氣店家進駐。環境明亮又乾淨，即使是女性也能輕鬆享用，相當完美。（JTB上海分公司／王先生）

位於日月光中心廣場（→P33）地下2樓的美食廣場

Happy Advice

從上海觀光巴士欣賞上海的街景

春秋巴士經營的雙層巴士

上海有敞篷的雙層巴士。無論是人潮洶湧的南京東路，或是舊法租界的法國梧桐行道樹，從車上能欣賞到與步行時不同的風景。而巴士而經過大部分的知名景點，可以多加利用。有兩家在經營觀光巴士，春秋巴士的1日通票為2路線30元。巴士觀光套票則有3路線100元（24小時）、3路線180元（48小時）兩種，詳情請洽 www.bustourchina.com。（攝影師／中田浩資）

能從比想像中高的地方飽覽街道

● 正式國名／都市名
中華人民共和國（直轄市）上海市

● 人口／面積
約2420萬人（2016年）6340.5k㎡

● 言語
北京語（標準語）上海語（方言）

● 貨幣與匯率
1元人民幣＝4.7元
（2019年5月資料）
貨幣種類請參照→P116
※本書所標示的費用皆為人民幣

● 時差
無時差
台灣與上海無時差
無實施夏令時間

● 小費
基本上不需付小費
雖然在高級飯店等地有歐美人會付小費，但就算沒付也不代表很失禮。要付的話，一點小費的行情價碼是10元人民幣左右。在高級餐廳等場所的小費就包含在服務費裡，所以不需要在意這個問題。

● 最佳旅遊季節
春（4～6月）、秋（9～11月）
氣溫和降雨量請參照→P12
節日請參照→P12

● 入境條件
台灣居民入境中國不需簽證，但需要台胞證方可入境
護照及簽證詳細資訊→P107

出發前Check!
區域 Navi

上海以蜿蜒流過市區的黃浦江為界，大致分成東、西兩部分。相對於高樓大廈林立的浦東，歷史建築比麟的外灘及豫園等區域則統稱為浦西。

① 浦東 MAP 別冊P8-9
浦东

以高樓大廈林立的近未來景觀聞名，可一覽市內景致的瞭望台，以及能隔著黃浦江眺望外灘的的濱江公園都是人氣觀光景點。雖然也可以搭地鐵前往，從外灘經由觀光隧道前往也有一番樂趣。

CHECK!
- ●浦東4大地標塔（→P20）
- ●漫步浦東&外灘河濱（→P22）

ACCESS≫Ⓜ2號線陸家嘴站

② 外灘 MAP 別冊P19
外滩

有20世紀初頭的洋房建築並列於黃浦江邊的歷史性區域。整修過的建築物內有河景餐廳、精品店等進駐，吸引許多觀光客前來。從散步甲板（別冊MAP P19-D3）看出去的浦東景致特別美麗。

CHECK!
- ●外灘圖像MAP（→P16）
- ●外灘矚目3大景點（→P18）

ACCESS≫Ⓜ2、10號線南京東路站

③ 南京東路·西路
南京东路·西路 MAP 別冊P14-19

上海首屈一指的鬧區。從百貨公司、賣中藥等貨品的老店到速食店、按摩沙龍都有，夜晚有霓虹燈閃耀著燦爛光芒。從Ⓜ南京東路站到Ⓜ人民廣場站為行人專用徒步區。

CHECK!
- ●步行街 南京東路（→P24）

ACCESS≫Ⓜ1、2、8號線人民廣場站
Ⓜ2、10號線南京東路站

⑤ 新天地 MAP 別冊P12
新天地

聚集了時髦餐廳和雜貨店的複合式區域，有許多歐美觀光客前來造訪。重新翻修了上海傳統的石庫門建築，新舊氣氛並存於此。

CHECK! ●新天地的極品美食（→P34）

ACCESS≫Ⓜ1號線黃陂南路站、Ⓜ10、13號線新天地站

④ 豫園周邊 MAP 別冊P7
豫园

過去曾是上海的中心地帶，至今仍殘留著舊時美好的老街風情。庭園「豫園」的周邊重現了明清時代風格的街景，有茶館與傳統伴手禮店聚集於此。

CHECK!
- ●豫園商城&上海老街（→P26）
- ●探訪豫園（→P28）

ACCESS≫Ⓜ10號線豫園站

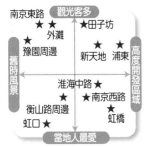

南京東路　★　★
外灘　★　★田子坊

豫園周邊　★

新天地　浦東
★　★

淮海中路★
★
★南京西路

衡山路周邊　★
虹橋
虹口★

觀光客多

高度開發區域

舊時風景

當地人最愛

---

⑥ 田子坊 MAP 別冊P12

田子坊

舊法租界附近的老街，有「上海小SOHO區」之稱，有許多藝術家聚集於此區域。近年區域規模擴大，也多了特別的店家，成為上海最受矚目的地區。

CHECK! ●在田子坊尋找雜貨（→P30）

ACCESS≫M9號線打浦橋站

---

⑦ 淮海中路 MAP 別冊P20-21

淮海中路

又被稱為「上海第二大購物街」，大道上有法國梧桐行道樹連綿，還有舊法租界時代的建築物點綴。電影院「國泰電影院」（別冊MAP P20-B3）為區域的中心。

CHECK! ●購物巡禮in淮海中路（→P38）

ACCESS≫M1、10、12號線陝西南路站；M1號線黃陂南路站；M13號線淮海中路站

---

⑧ 衡山路周邊

衡山路

MAP 別冊P10-11

舊法租界中的閑靜高級住宅區，遍布著從老舊洋房改裝而成的時尚餐廳、咖啡廳、商店等。酒吧也很多，夜晚則變身成上海為數不多的夜生活大街。

CHECK! ●在衡山路進行復古散步行程（→P41）

ACCESS≫M1號線衡山路站

---

⑨ 虹橋 MAP 別冊P2

虹桥

上海虹橋國際機場附近的經濟開發區，中心部分為外資企業聚集的商業區。有許多提供給外國人居住的公寓。

ACCESS≫M10號線伊犁路站、M10號線水城路站

---

⑩ 虹口 MAP 別冊P3

虹口

曾被稱為日本租界，有作家魯迅的故居、重現租界時代景色的多倫路文化名人街等。目前正持續開發的北外灘就在這一區。

ACCESS≫M3、8號線虹口足球場站；M3號線東寶興路站

郊外景點

蘇州 苏州 MAP P99

以棋盤狀水路遍布其中的美麗街景聞名的區域，有名列世界遺產的庭園與因詩詞享負盛名的寒山寺等，充滿了看點。

ACCESS≫上海站、上海虹橋站搭特快車約25～44分

杭州 杭州 MAP P99

曾為南宋時代首都而繁榮的古都，在風光明媚的西湖湖畔有被稱為「西湖十景」的景觀勝地遍布其中。有列入世界遺產。

ACCESS≫上海虹橋站搭特快車約45分～1小時15分

旅遊季節 Check

🎋 節日

1月1日……元旦 (12/30～1/1三天連假)
2月16日……春節★
　　　　　(農曆新年2/15～2/21七天連假)
3月2日……元宵節★
4月5日……清明節 (4/5～7三天連假)
5月1日……勞動節 (5/1～3三天連假)
6月18日……端午節★ (6/16～18三天連假)
9月24日……中秋節★
　　　　　(9/22～24三天連假)
10月1日……國慶節
　　　　　(10/1～10/7七天連假)
10月17日……重陽節★

🎋 活動

1月24日……臘八節★
3月8日……婦女節 (女性放半天假)
3月15日…消費者權益日 (消費者日)
4月…上海F1賽車 (日程未定)
5月…上海國際茶業博覽會 (日程未定)
5月4日……青年節 (14歲以上青少年放假一天)
6月1日……國際兒童節 (未滿14歲兒童放假一天)
8月1日…建軍節 (軍人放半天假)
8月17日…七夕節★
9月…上海旅遊節 (日程未定)
9月10日…教師節 (教師有時會放假一天)
11月…上海國際馬拉松 (日程未定)
12月31日…龍華寺除夕撞鐘

🌸 氣候與服裝建議

春
3～5月
氣候較台北涼爽。從3月底開始天氣漸暖，但到4月中仍需穿著長袖上衣。不太需要擔心花粉症的問題。

夏
6～8月
6月中旬～7月中旬為梅雨季節。盛夏時節有氣溫高達38度左右的日子，氣候悶熱，需準備帽子或防曬乳。

秋
9～11月
9月有時有颱風通過。10月天氣晴朗，但需要帶長袖外衣。到11月左右天氣會突然變冷，帶件毛衣過去吧。

冬
12～2月
氣溫和台北比起來較低，但幾乎不會下雪。一定要穿大衣、圍巾等防寒裝備。

🌸 平均氣溫與降雨量

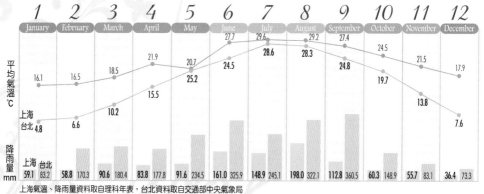

	1 January	2 February	3 March	4 April	5 May	6 June	7 July	8 August	9 September	10 October	11 November	12 December
平均氣溫℃（上海）	4.8	6.6	10.2	15.5	25.2	27.7	28.6	28.3	24.8	19.7	13.8	7.6
平均氣溫℃（台北）	16.1	16.5	18.5	21.9	20.7	24.5	29.6	29.2	27.4	24.5	21.5	17.9
降雨量mm 上海	59.1	58.8	90.6	83.8	91.6	161.0	148.9	198.0	112.8	60.3	55.7	36.4
降雨量mm 台北	83.2	170.3	180.4	177.8	234.5	325.9	245.1	322.1	360.5	148.9	83.1	73.3

上海氣溫、降雨量資料取自理科年表，台北資料取自交通部中央氣象局

★號的節日或活動、儀式每年的舉辦日期都會有變化。上述資料為2018年的資訊，尤其是活動日期有可能會變動。

三天兩夜 or 四天三夜？
編排自我風格的行程！

上海旅行
Select Plan

這是你第幾次前往上海旅行呢？
如果是第一次去又沒什麼時間的人，
請從CourseA選擇行程，
裡面囊括了絕對不能錯過的經典景點。
已經來好幾次的人，則推薦選擇CourseB的行程。
至於想悠閒久待的人，我們也為各位準備了CourseC的方案。
讓大家靈活組合想去的地方與想做的事情，
盡情享受
充滿屬於你的上海旅行♪

\上海旅行/

精選旅遊清單
Select Menu

course A
～初訪行程～

遊逛

先來Check這裡！

外灘圖像MAP...P16

眺望上海街景

"This is上海"的景色

浦東4大地標塔...P20

漫步浦東&外灘河濱...P22

步行街 南京東路...P24

初訪上海旅客必看！

豫園商城&上海老街...P26

探訪豫園...P28

有許多時尚餐廳

美食

新天地的極品美食...P34

滿滿的湯汁

小籠包&上海蟹...P42

邊走邊吃也OK

便宜好吃小吃清單...P48

極品中式甜點...P51

購物迷宮

購物

在田子坊尋找雜貨...P30

高品質

適合女孩的中國風商品...P52

物美價廉☆適合分送的伴手禮...P54

從食品到日用品都有

娛樂

夜景景點...P61

Planning Sample

每個人的入境日、整天都是自由活動的日子、回國日以及各自能使用的時間都不同，請參考下方的旅行規劃範例，試著安排專屬自己的行程吧。

直飛上海的班機很多，根據每個人所搭的航班，抵達時間也不一樣。請配合自己搭乘的班機來規劃。

入境日

15:05 抵達上海的機場
機場接駁巴士 約1小時
17:30 入住飯店
M 在新天地站下車
19:00 在新天地的時髦餐廳吃晚餐
計程車15分
21:00 觀賞外灘的夜間點燈

一整天的王道觀光行程

已經走遍這些王道觀光景點的上海再訪旅客，就來挑戰服裝訂製或變身寫真等體驗行程。把兩者都排進整天都是自由活動的日子吧。

09:00 豫園觀光&在豫園商城尋找伴手禮
地鐵5分
11:00 漫步南京東路
步行20分
12:00 在外灘的河畔餐廳吃午餐
步行和搭乘列車穿過觀光隧20分
14:00 一邊散步一邊前往浦東
步行10分
15:00 遊覽浦東的瞭望塔
步行15分
17:00 用簡單按摩舒緩步行的疲勞
計程車15分
19:00 在南京東路周邊享用上海蟹晚餐

course A
初訪行程

course B
再訪行程

course C
講究行程

建議探訪時間
10~11時

How to Use

為了讓讀者能依照旅遊目的及
滯留時間來排程，
右頁上方附有能幫助各位
規劃旅途的三個圖示。

● Course A B C是什麼？
A是給初訪上海者（初訪行程）、B是給已熟悉
上海的旅客（再訪行程）、C則是推薦給有較多
時間待在上海的讀者或講究人士的特集。

● 建議探訪時間是什麼？
為編輯部主觀推薦，最能享受該頁面所介
紹的景點或主題的時間。

course B
～再訪行程～

遊逛

（走進建築物中享樂）

外灘矚目3大景點...P18

田子坊周邊的順路SPOT...P33
（大量開幕！）

來CHECK思南公館...P37

（留有租界時代的氛圍）

租界建築與綠意盎然的行道樹 衡山路...P41

美食

（從火鍋到高級食材魚翅&鮑魚都一網打盡）

（見識中國茶藝）
美容系美食清單...P44

在復古茶館度過悠閒時光...P50

購物

（也很受上海女孩歡迎）

在淮海中路 進行購物巡禮...P38

美容＆娛樂

（遠離街道喧鬧的隱密景點）

舒適的SPA&按摩...P56

上海雜技...P60

（一定要來看一次）
酒吧...P61

course C
～時間充裕的旅客～

（想打扮時髦去探訪！）
南外灘的建築群 老碼頭...P40
（紅磚建築林立的新名勝）

美食餐廳...P46

令人興奮的自我磨練體驗...P59
（體驗變身寫真與服裝訂製！）

（從跟平常不同的角度觀賞經典夜景）
渡輪...P61

在當地人喜愛的小吃店，或也很受上海女孩歡迎的
焦點區域享受美食與購物樂趣的行程。靈活運用計
程車或地鐵在區域間移動吧。

放寬一下時間，在起飛前3小時就前往機場吧。從
市內搭計程車前往上海浦東國際機場車程約1小
時。搭地鐵前往上海虹橋國際機場則需要約25分。

一整天都
隨心所欲享用美食＆購物

09:00	10:00	12:00	13:30	15:00	16:00	18:00	19:30	22:00
在小吃店吃生煎早餐	Ⓜ在陝西南路站下車	在淮海中路進行購物巡禮	在衡山路的洋房餐廳吃午餐	尋找中國風雜貨當伴手禮	在老碼頭的咖啡廳休息一下	在田子坊逛雜貨店	在南京西路吃魚翅晚餐	觀賞令人心驚膽顫的上海雜技

計程車15分・徒步5分・計程車15分・計程車15分・計程車20分・計程車15分・計程車20分

在外灘的酒吧跟朋友一起度過夜晚

回國日

10:00	11:00	12:00
給親朋好友的伴手禮	打包行李後離開飯店	到達上海的機場

在百貨公司買分送・計程車・接駁巴士約1小時

復古建築物群一目瞭然

外灘圖像
MAP

20世紀初，外灘陸續建了刻印華美時代的洋房建築，這些建築如今仍留存於此。我們將用從對岸拍攝的照片，為大家介紹建築樣式與歷史，讓外灘遊覽變得更有樂趣！ MAP 別冊P19-D2

從黃浦公園看到的外灘建築物群

建於1947年
上海市總工會 MAP 別冊P19-D3
原為交通銀行。在歷史性建築中是最年輕的，為直線型設計的裝飾藝術樣式。

建於1924年
招商銀行 MAP 別冊P19-D2
原為台灣銀行上海分行。可以在部分設計上看到日治時代的西洋建築樣式。

建於1921年
AIA MAP 別冊P19-D2
原為字林西報的報社大樓。採古典主義樣式，現由外資保險公司AIA與正信銀行使用。

建於1923年
外灘18號 MAP 別冊P19-D2
原為渣打銀行上海分行，由英國巴馬丹拿事務所設計，是文藝復興樣式建築。
DATA➡P19

外灘公共服務中心
MAP 別冊P19-D3
於2011年完工的公共建築，是這一帶唯一一棟新建築物。

建於1902年
中國外匯交易中心
MAP 別冊P19-D2
原為華俄道勝銀行大樓，是上海第一棟鋼筋混凝土建築物。

九江路

中山東一路

←往P17右下

🎵 **街道散步POINT**
若要仔細走訪古老建築林立的中山東一路，包括品嘗美食和購物的時間約需2~3小時，請先抓好遊覽時間。由於庇蔭處少，在炎熱的夏天造訪時記得多補充水分。

外灘5號 MAP 別冊P19-D4
建於1925年
為昔日的日清汽船上海分公司，為古典主義樣式建築，在竣工時還融入了日本的摩登建築樣式，現在則改頭換面為複合商業大樓外灘5號。

外灘27號
中國農業銀行
中國工商銀行
中國銀行
和平飯店
往南京東路站
斯沃琪和平酒店藝術中心
外灘18號
AIA
招商銀行
中國外匯交易中心
外灘公共服務中心
上海市總工會
──上海海關
──上海浦東發展銀行
夏姿·陳旗艦店
盤谷銀行
外灘6號
外灘5號
外灘3號
上海外灘
華爾道夫大酒店

黃
浦
江

建於1910年
上海外灘華爾道夫大酒店 MAP 別冊P19-D4
為上海總會舊址，是新巴洛克樣式的建築，自2011年改裝為飯店營業。
DATA➡P95

外灘3號 MAP 別冊P19-D4
建於1916年
過去為有利大樓，是文藝復興樣式建築。外灘三號是外灘復興歷史建築計畫的先驅，許多餐廳以及一流名牌商店都聚集於此。

外灘6號 MAP 別冊P19-D4
建於1897年
中國通商銀行舊址，為外灘裡最古老的建築。房屋矮小，採有許多圓拱窗與尖屋頂的哥德式設計，在外觀上有別於其他建築的風情。自2006年作為商業大樓使用。

廣東路

中山東一路

course A
初訪行程

course B
精訪行程

course C
講究行程

建議探訪時間
15~18時

外灘的歷史

因為1842年簽訂的南京條約，上海對外國開放門戶，之後發展成東亞貿易與金融中心，景況繁榮甚至讓上海有了「魔都」之稱。那時由歐美列強建設的外灘建築大部分仍保持著原貌，充分傳達當時的盛況。

需預先知道的建築用語

◆古典主義樣式
視古希臘與羅馬建築的形式美為理想，並融合勻稱與協調的樣式。希臘的帕德嫩神殿、羅馬的圓形競技場都是此樣式的代表建築。

◆巴洛克樣式
「巴洛克」一詞源自葡萄牙語的「扭曲的珍珠」，特徵是運用許多蜿蜒的曲線來展現華麗的裝飾。位於巴黎郊外的凡爾賽宮就是其代表。

◆裝飾藝術樣式
泛指1920年代以法國為中心流行的裝飾風格。使用許多直線與幾何學花紋，下了許多裝飾藝術巧思的建築就稱之為「裝飾藝術建築」。

◆文藝復興樣式
15~16世紀流行於義大利佛羅倫斯的樣式。使用正面拱門和圓柱、左右對稱的均衡設計為其特色。常見於教堂等建築。

建於1929年
和平飯店 MAP 別冊 P19-D2
原沙遜大廈，為裝飾藝術樣式。自1956年改裝為和平飯店營業，是外灘具地標性的建築。DATA➡P95

建於1924年
中國工商銀行 MAP 別冊 P19-D1
原為正金銀行上海分行，是有列柱聳立、給人莊嚴印象的古典主義樣式。

建於1922年
外灘27號 MAP 別冊 P19-D1
原是作為英商怡和洋行據點而建的大樓，為新文藝復興樣式建築。DATA➡P19

建於1920年
中國農業銀行 MAP 別冊 P19-D1
原是揚子保險大樓，由巴馬丹拿事務所設計。建築上有許多別出心裁的圓拱窗與雕刻，小小一棟卻令人印象深刻。

南京東路

滇池路

建於1906年
斯沃琪和平飯店藝術中心 MAP 別冊 P19-D2
Palace Hotel（匯中飯店）原址，自1965年改為和平飯店南樓，為安妮女王復興式建築。DATA➡P18

建於1937年
中國銀行 MAP 別冊 P19-D1
中國銀行總行舊址，是融入中式設計的裝飾藝術樣式建築。曾為移址自北京的中國銀行本行，並有實際運作過，現在是中國銀行上海分行。

建於1927年
上海海關 MAP 別冊 P19-D3
為徵收外國船隻稅金所建的海關，屋頂的鐘樓每15分鐘會響1次，相當令人印象深刻。是融合古典主義樣式的現代建築，現在仍作為海關運作著。

建於1906年
盤谷銀行 MAP 別冊 P19-D4
完工時為丹麥電信公司的辦公大樓，是新巴洛克樣式。

建於1901年
夏姿·陳旗艦店 MAP 別冊 P19-D4
建於19世紀末，原本是國營汽船公司：輪船招商局的總局。

建於1923年
上海浦東發展銀行 MAP 別冊 P19-D3
匯豐銀行上海分行舊址，是由巴馬丹拿設計事務所設計的新古典主義建築。直到1997年都是上海市人民政府大樓。天花板的馬賽克拼貼畫也不可錯過。

福州路

漢口路

→往P16左上

洋房建築的屋內也一定要Check!
外灘 矚目 3 大景點

介紹在洋房建築翻修熱潮不斷延燒的外灘地區中，特別要先注意的3個景點。
不但可以享受美食、購物，還可從高處眺望美景，真想充分活用這些資源。

和平飯店舊址

北樓 和平饭店
Fairmont Peace Hotel
和平飯店
MAP 別冊 P19-D2

高雅氣派的經典飯店
位在南京路與外灘交會的最佳地段上，為歷史悠久的飯店。雖然經營方式改變了，但館內仍維持著20世紀初頭落成時的莊嚴氣氛。1樓的老爵士酒吧很有名。

data 交 M2、10號線南京東路站步行5分
住 南京東路20號和平飯店北樓

這些要Check!
H 和平飯店→P95
龍鳳廳(8F) ☎(021)61386880 時11時30分～14時30分、17時30分～22時
休無
老爵士酒吧(1F) ☎(021)63216888 時18時～翌日2時 休無
茉莉酒廊(1F) ☎(021)61386886 時6時～23時30分 休無

1.茉莉酒廊下午茶（14～18時、298元）
2.中國菜餐廳：龍鳳廳
3.建於1929年的裝飾藝術樣式大廳
4.簡單炒熟河蝦而成的料理：和平特色河蝦仁（小）218元
5.古典的老爵士酒吧

南樓 斯沃琪和平饭店艺术中心
The Swatch Art Peace Hotel
斯沃琪和平飯店藝術中心
MAP 別冊 P19-D2

以富藝術性的樣貌再生
為藝術家專用的長住型飯店，一樓為設有歐米茄等名牌店鋪的複合設施，五樓設有餐廳Shook！，六樓則有餐廳附屬的酒吧和露台。

data 交 M2、10號線南京東路站步行5分
住 南京東路23號和平飯店南樓

1.澳洲和牛戰斧牛排M5級有1.5kg重，價格為1598元 2.摩登風格裝潢的Shook！ 3.從屋頂的酒吧和露台看出去的景色充滿遼闊感 4.裝飾相當優雅的入口

這些要Check!
H 斯沃琪和平飯店藝術中心
網 www.swatch-art-peace-hotel.com
Shook！(5～6F) ☎(021)23298522
時11時30分～14時30分、18時～22時30分
（露台僅於17～24時開放，雨天休息）休無

course A
初訪行程

course B
再訪行程

course C
講究行程

建議探訪時間
18～20時

注目的NEW SPOT 外灘源

外灘區域開發計畫被視為是外灘的起點,現在正由洛克菲勒國際集團著手進行中。此區域於2010年開放給一般遊客參觀,並有11棟歷史建築以20世紀初的風貌重生。區域內也有蔚為話題的餐廳等商業設施。(別冊MAP P7-C1)

→位於H上海半島飯店後方的圓明園路一帶是區域的中心

↓原英國駐上海總領事館,這裡被視為是外灘的發源地

外灘18號

外灘18號 MAP 別冊P19-D2

能感受外灘現今氛圍的景點

挑高天花板的優雅空間內,卡地亞等高級名牌店家並列於此。經威尼斯建築師之手改裝的建築,是外灘具代表性的存在。

data 交M2、10號線南京東路站步行5分 住中山東一路18號

這些要Check!
Bar Rouge(7F) (021)63391199 開18時～翌日3時左右(週末為～翌日4時左右) 休無 金僅週末入場費為100元 ※男性不可穿短褲、拖鞋入場
Mr&Mrs Bund(6F) (021)63239898 開11時30分～14時30分(僅週六、日);17時30分～22時30分、23時～翌日2時(僅週四～六) 休無 ※晚餐需預約

1.現代風格的法式餐廳Mr&Mrs Bund 2.在Bar Rouge可享用雞尾酒各杯80元～ 3.從Mr&Mrs Bund店內可以一覽浦東美景 4.1樓大廳內的威尼斯玻璃製水晶吊燈令人印象深刻

外灘27號

外灘27號 MAP 別冊P19-D1

高雅的奢華空間

又稱為「House of Roosevelt(羅斯福)」,由美國名門羅斯福家監製。莊嚴的建築內,除了有餐廳及收藏超過35000支酒的酒窖外,甚至還有全世界規模最大的勞力士商店。

data 交M2、10號線南京東路站步行8分 住中山東一路27號 羅斯福

這裡要Check!
羅斯福酒窖餐廳(2F) (021)23220748(代) 開18時～翌日2時(22時30分LO) 休無
羅斯福色戒餐廳(8F) (021)23220748 開11時30分～24時(22時30分LO) 休無

1.從羅斯福色戒餐廳的露台座位看過去,浦東就像浮在黃浦江上的小島
2.午間套餐168元～
3.羅斯福色戒餐廳內充滿古典氛圍
4.位於2F的羅斯福酒窖餐廳

喜歡哪個觀景台？
浦東4大地標塔

隔著黃浦江、位於外灘對岸的浦東為上海為數不多的開發區域，有許多高樓大廈林立於此。在此為大家介紹，其中很受觀光客歡迎的4個地標塔。

Access 距離每座塔最近的站都是
Ⓜ2號線陸家嘴站

從外灘一帶看到的浦東

632m
546m

景點！

觀景台樓層

從360度皆為玻璃牆面的圓形觀景台樓層，可以俯瞰上海環球金融中心與金茂大廈、東方明珠等在底下相連的極致美景。

上海中心大廈
上海中心大廈 MAP 別冊P8-B2

世界第2高的超高層大樓！

由美國Gensler建築設計事務所經手重視環保的設計，在建築物中也有世界第3高的殊榮，成螺旋狀不斷升高的外觀讓人想到龍升上天空的樣子。大樓內世界最快的電梯也以1秒上升18m的高速造成話題，只需55秒即可到達118樓的觀景台樓層。

data 交Ⓜ2號線陸家嘴站步行12分
住陸家嘴環路479號 ☎(021)206569
99 時8時30分～22時 休無 金180元

飯店樓層 84～101樓

上海中心 J酒店

由在中國發展連鎖飯店品牌的錦江國際集團，以及上海中心大廈共同設立的全新飯店品牌「J酒店」在此開幕，提供絕佳視野與超越五星級的設施及服務。

餐廳&商店 地下2～地上5樓

上海之巔 品牌店 地下2樓

除了有上海中心大廈的原創雜貨外，還販售茶葉、陶瓷器、點心等多種豐富商品的禮品店。也可以僅利用商店設施。
data 時9～21時 休無

有許多只有這裡才能買到的原創商品

Shanghai World Financial Center

上海環球金融中心
上海環球金融中心 （SWFC） MAP 別冊P8-B2

上海數一數二高的瞭望塔

由森大廈公司經手開發、設計的超高層大樓，有低樓層內的商業設施、飯店附屬餐廳等許多充滿魅力的景點。

492m

data 交Ⓜ2號線陸家嘴站步行5分
住世紀大道100號 ☎(021)38672008
時8～23時（入場為～22時）休無 金180元
（94、97、100樓）、120元（94樓）

觀光天閣100 474m

搭乘秒速8m的電梯到95樓，再換乘電梯上100樓。

景點！

觀光天閣97 439m

位於97樓的觀景台。天花板採用開閉式設計，能就近看見東方明珠。

如果天花板剛好開著就太幸運了♡

觀光大廳94 423m

有咖啡吧和拍攝合成照片（1張80元）服務的觀景台。

世紀100 91～93樓

可以享用美食與眺望美景的餐廳。
data 住上海柏悅酒店(→P95)91～93F ☎(021)68881234 時11時30分～14時30分、17時30分～22時30分 休無

從1樓搭電梯前往

商店&餐廳 2～3樓、地下1～2樓

有小籠包超有名的鼎泰豐、日本拉麵等店家進駐的美食廣場和多種設施。

4大地標塔比較表

	搭電梯至瞭望台需花費的時間	所需時間	餐廳	值得推薦的地方
上海中心大廈	55秒（至118樓）	1小時	28間	上海第一高樓，只有這裡才能將東方明珠等地標性高樓盡收眼底。
上海環球金融中心（SWFC）	66秒（至95樓）	1小時	27間	擁有高度僅次於上海塔的觀景台，且高塔高達492m。從浦東大樓林立的景色到外灘的建築物群，各式各樣的景色都可以看到。
金茂大廈	45秒（至觀光廳）	45分	3間	由於人潮較其他高樓少，適合想悠閒欣賞美景的人。不可錯過貫穿ⓗ上海金茂君悅大酒店的中庭。
東方明珠	70秒（至主觀光層）	1小時	3間	能欣賞到收進SWFC和金茂大廈的浦東風景。此外，由於有高度較低的觀景台，跟其他塔相比，在天候不佳的日子也能眺望到美景。

course A
初訪行程

course B
再訪行程

course C
過客行程

建議探訪時間
9~11時

金茂大廈

金茂大廈 MAP別冊P8-B2

看似佛塔的外層設計令人印象深刻

為420.5m高、地上88層樓建的高樓，以中國古代佛塔為意象設計而成。53～87樓為靚上海金茂大酒店，從觀景台的中央部分可以看到挑高的中庭。

data 交M2號線陸家嘴站步行5分
住世紀大道88號 (021)50475101
時8時30分～21時30分
休無 金120元

420.5m

88層觀光廳 340m

從觀景台可以一覽各個方位的景色，同樓層中還有商店和郵筒等，相當好玩。

九重天 87樓

位於飯店最高層樓的酒吧，是人氣的夜景景點。
data 住ⓗ上海金茂君悅大酒店(→P94)87樓
(021)50491234 時17時～翌日2時(週日為14時～)
休無

非住宿旅客也可以使用。雞尾酒大概100元

天庭 56樓

飯店內的咖啡廳，延續至觀景台的天庭更是看點。
data 住ⓗ上海金茂君悅大酒店(→P94)56樓
(021)50491234 時11時30分～22時 休無

景點！
延續至88樓觀光台的中庭

东方明珠

東方明珠 MAP別冊P8-A1

受當地人喜愛的象徵性高塔

於1995年落成、高達498m的電視塔。穿刺球體的外形相當獨特，也很受當地人愛戴。由於從高度大不相同的三個觀望台，可以看到SWFC、金茂大廈或是外灘不同的樣貌，所以相當受歡迎。

data 交M2號線陸家嘴站步行3分 住世紀大道1號
(021)58791888 時8時～21時30分 休無 金A票(太空艙觀光層、主觀光層、娛樂球、上海城市歷史發展陳列館)220元、B票(主觀光層、娛樂球、上海城市歷史發展陳列館)160元等

可以欣賞360度景觀
兩座高塔並立的樣子

351m

468m

太空艙觀光層

從觀光層繼續搭乘電梯到達的觀景樓層。

主觀光層 263m

位於塔正中央的觀景台。無論高樓大廈還是外灘都看得一清二楚，是最多觀光客聚集的地方，下樓的電梯很容易大排長龍。

娛樂球 90&98m

最矮層的觀景台。由於這裡位於低處且距離較近，非常適合觀賞外灘的建築物群。裡面也有娛樂設施。

能透過圍欄看到相當鮮明的景色

景點！

透明的地板可以看到正下方的景色

上海城市歷史發展陳列館 1樓

重現上海近代街景以及車子、路面電車等，讓遊客充分了解城市的變遷。
DATA→P77

夜晚也會擠滿想看夜景的遊客

遊覽形成對比的兩個區域
漫步浦東&
外灘河濱

一整年都擠滿了觀光客

浦東區域開發進步且急速成長，
外灘區域則有約100年前的建築物並列而建，
我們在此規劃了走訪這2區必看的景點、
絕不會讓你失望的觀光路線。
1天就逛完來上海觀光時絕對不可錯過
的兩個區域吧！

由香港設計師設計
的優雅空間

宛如浮在天空中的
餐廳

1 在高達484m的觀景台盡情享受極致美景

若是想欣賞外灘那頭的景色，建議在早一點的上午前來。由於人不多，也能以自己的步調觀賞。

上海環球金融中心（SWFC） MAP 別冊 P8-B2
→P20

位於高塔前的
磁鐵型雕像

步行15分

從陸家嘴站6號出口
附近的人行步道橋拍
到的塔景

3 窗外就是外灘景致

位於🏨上海浦東麗思卡爾頓酒店53樓的餐廳，提供以傳統食譜為基底，再融入西洋元素的創新廣東料理。餐廳內是以紫色和金色為基調的華美空間，隔著窗就可飽覽東方明珠以及外灘。

金轩
金軒 MAP 別冊 P8-A1
data 🚇Ⓜ2號線陸家嘴站步行3分
🏠世紀大道8號🏨上海浦東麗思卡爾頓酒店53F 📞(021)20201768 🕐11時30分～14時、17時30分～22時 🈚無

燕窩南瓜湯580元

步行5分

2 在濱江公園拍紀念照

經過修整的公園位於黃浦江浦東那側。正面是外灘的建築物群，轉過頭來就可看到一片浦東的高樓大廈景致，很適合在此拍紀念照。公園內也有規劃跑步步道以及自行車道。

濱江公園
濱江公園 MAP 別冊 P8-A2
data 🚇Ⓜ2號線陸家嘴站步行5分
🏠濱江大道
🕐🈚自由參觀 💰免費

以浦東為背景

以外灘為背景

聚集了許多當地情侶以及觀光客，建議於上午或晚上前來

世紀大道上有許多路邊小販，請注意

🎼 **街道散步POINT**

逛完這兩區需約6小時。想享受拍照樂趣的話，可以在上午時先逛浦東，午後再去外灘旅行了。此外，由於計程車時常拒載從浦東前往外灘的遊客，觀光隧道是很便利的選擇。

course A 初訪行程
course B 再訪行程
course C 進變行程
建議探訪時間 ⑪〜⑰時

N 0　500m

- 5 上海外灘美術館
- 上海茶源茶業有限公司
- 上海半島飯店
- 6 黃浦公園
- 4 外灘觀光隧道
- 明珠公園　上海海洋水族館
- 東方明珠浦江遊覽
- 東方明珠
- 7 上海迪士尼旗艦店
- 地鐵2號線
- 陸家嘴　陸家嘴中心綠地
- 出入口
- 外灘18號
- 和平飯店
- 出入口
- 上海市總工會
- 哈根達斯
- 正大廣場
- 上海海關
- 上海浦東發展銀行
- 星巴克
- 上海浦東麗思卡爾頓酒店
- 外灘5號
- 外灘3號
- 濱江公園　2
- 金軒 3
- 金茂大廈　上海塔
- 華爾道夫大酒店
- 浦東新區
- 黃浦江
- 上海環球金融中心（SWFC） 1
- 往東昌路站

隧道內的燈光秀也很值得一看

車廂就像遊樂設施一樣，為15人座

4

連接浦東〜外灘
穿過隧道體驗穿越時空之感

連接黃浦江兩岸的觀光隧道，藉由車廂來移動。浦東那側的出入口接濱江公園與東方明珠的中間，外灘那側的出入口則是在中山東一路旁。搭乘時間約5分鐘。

外灘观光隧道
外灘觀光隧道　MAP 別冊P7-D1
data 交M2號線陸家嘴站步行5分；2、10號線南京東路站步行5分
☎(021)58886000　時8時〜22時30分（週五〜日、假日為〜23時）
休無　費單程票50元、來回票70元

會定期舉辦主題展覽

步行與穿過隧道20分

休憩片刻SPOT

The Bund Tea Company
上海茶源有限公司

上海茶源茶業有限公司　MAP 別冊P19-C1

售有世界三大紅茶之一的安徽省產祁門、英國王室也愛喝的雲南省產的滇紅等，是專賣中國產高級紅茶的茶藝沙龍。店面為建於1908的洋房。

香氣高雅的滇紅58元人民幣一。雖然沒有賣點心，但可攜帶外食

data 交M2、10號線南京東路站步行8分　住滇池路100號　☎(021)63290989　時10〜20時
休無

店內有附設茶業販售區

---

5 在外灘源欣賞
現代藝術家的作品

位於外灘的修復景點「外灘源」內的現代美術館。特色是展覽集中展示一位藝術家的作品，讓遊客得以近距離仔細觀賞作家的作品。1樓有附設商店。

Rockbund Art Museum／上海外灘美术馆
上海外灘美術館　MAP 別冊P7-C1
data 交M2、10號線南京東路站步行10分
住虎丘路20號　☎(021)33109985（內線為1101或1102）
時10〜18時　休週一　費30元（視展覽而異）

步行5分

步行3分

以外灘為背景　以浦東為背景

6 在河濱
眺望兩岸美景

位於黃浦江外灘那頭的散步場所。由於地處中山東一路較高的位置，浦東那側的景色當然不用說，就連外灘充滿魄力的建築物群也能就近看到。還有雄牛像等適合拍紀念照的地方。

黃浦公園
黃浦公園　MAP 別冊P19-D3
data 交M2、10號線南京東路站步行10分　住中山一路500號
時休自由參觀　費免費

人潮在傍晚到夜晚的時段逐漸變多

---

7 新開幕的
迪士尼商店

2016年5月，賣場面積為世界最大規模的迪士尼商店登場。位於浦東中心區域，吸引許多迪士尼粉絲前來。

迪斯尼商店上海
上海迪士尼旗艦店　MAP 別冊P8-A1
data →P8

一整天都人山人海
步行街
南京東路

上海首屈一指、擁有悠久歷史的鬧區。
不僅有創業超過100年的老店和餐廳、傳統工藝店，
甚至還有全新開幕的購物中心，
無論什麼時候來都熱鬧無比！

街道散步POINT

地鐵南京東路站～人民廣場間就算
步行也只是15～20分鐘可以走完
的距離，所以最適合邊看邊看路旁商
店邊散步。西藏
中路～河南中路
可乘坐觀光用的
電動車（觀光遊
覽車）來移動。

→9時30分～22時
運行，費用為單程
票5元

咖啡廳、餐廳

一茶一坐

一茶一坐　MAP 別冊 P16-B2

也有進軍日本的連鎖店

可以來這裡享用正餐、喝咖啡，配
合時間、地點、場合使用的台式餐
廳兼咖啡廳。菜色網羅了麵類、點
心等，也可以喝到中國茶。綠茶、
龍井茶、紅茶等28元～。

data 交M1、2、8號線人民廣場站步行3
分 住南京西路2-88號 新世界城3F
☎(021)63595730 時10時～22時30分
休無

↑時尚又具現代
感的店內

→加了珍珠、花
生的燒仙草18元

小吃

泰康湯包馆

泰康湯包館　MAP 別冊 P17-C2

提供豐富小吃料理

位於食品伴手禮店2樓，氣氛休閒
的餐廳。和店名同名的湯包很有
名，小籠包、生煎包、蘇州麵等
種類豐富的上海當地美食也一應
俱全。

data 交M1、2、8號線人民廣場站步行3
分 住南京東路766號 泰康食品2F
☎(021)63222936 時9時
30分～20時30分 休無

→特大湯包
「蟹黃大湯包」
15元

↗入口在1樓深處，
路不太好找，要
留意一下

→加入薺菜與
豬肉的餛飩20
元

食品

上海市第一食品商店

上海市第一食品商店

食品伴手禮的寶庫　MAP 別冊 P17-C2

從傳統零食、水果乾，到茶葉、調
味料、加工食品都應有盡有的綜合
食品店。零食堆積如山的稱重販售
區可以少量購買，是伴手禮的最佳
選擇。

data 交M1、2、8號線人民廣場站步行3
分 住南京東路720號 ☎(021)63222777
(內線315) 時9時30分～
22時 休無

↑總是擠滿了
中國觀光客

→包著紅豆沙餡
的玫瑰豆沙餅7.8
元

course A
初訪行程

course B
再訪行程

course C
深究行程

建議探訪時間
10~15時

上海市第一医药商店
藥局

上海市第一醫藥商店

入手中國美妝品　MAP 別冊 P17-D1

上海規模最大的綜合藥局。2樓設有護膚&美妝品專用櫃台，1樓則有中藥老店：北京同仁堂進駐。

data 交 M1、2、8號線線人民廣場站步行5分　住南京東路616號
☎(021)63224567
時9~22時　休無

↓真的很國營風格的入口

→保濕營養霜「高級神奇美容蜜」68元人民幣

朵雲軒
文具

朵雲軒　MAP 別冊 P18-A3

創業於1900年的老店

販售文房四寶（筆、墨、紙、硯）的上海第一老店。從伴手禮用的實惠商品到專家用的名品都有，種類相當廣泛。2樓為畫廊，3樓是古董區。

data 交 M2、10號線南京東路站步行3分　住南京东路422號
☎(021)63614731
時9時30分~21時　休無

←也能找到稀奇的文具

←25元的墨

恒基名人购物中心
購物中心

恒基名人購物中心　MAP 別冊 P18-B2

有最潮的流行商店進駐

就在車站旁邊的購物中心，圍繞中庭的館內集結了受年輕人歡迎的人氣品牌。1樓還有蘋果旗艦店等，話題性也很超群。

data 交 M2、10號線南京東路站步行即到　住南京東路300號
☎(021)33302099
時10~22時　休無

↓中央為寬廣的中庭設計

↑由於直通地鐵，下雨天也很方便前來

小吃

沈大成

沈大成　MAP 別冊 P17-D1

糕糰點心相當有名的餐廳

創業於1875年的老字號餐廳，1樓提供小籠包、麵類等輕食，2樓則可品嘗到上海菜。入口旁有外帶櫃台，糕糰3元~相當有名。

data 交 M1、2、8號線人民廣場站步行5分　住南京東路636號　☎(021)63224926
時6~22時　休無

↑入口右手邊是外帶用的窗口　↑在1樓用餐可能會和其他客人併桌

→外皮相當有彈性的蟹粉小籠20元

按摩

桃源乡

桃源鄉　MAP 別冊 P18-A3

可以完全消除疲勞

先浸泡藥湯足浴後，再指壓腳部穴道的腳部穴道按摩178元／60分，全身按摩228元／60分也很有人氣。H上海古象大酒店（→P98）內也有姊妹店。

data 交 M2、10號線南京東路站步行4分　住南京東路479號 新世界休閒港灣5F　☎(021)63226883
時11時~翌日1時　休無

↑以紫禁城為主題設計的入口

→精確的手藝令人如夢般沉醉

中藥

蔡同德堂

蔡同德堂　MAP 別冊 P18-A3

在老店內購買道地中藥！

創業於1882年，店內整齊排列著冬蟲夏草、人蔘、燕窩等藥材，相當有中藥局的氣氛，也有販售藥丸、膠囊狀的藥物。加入飲品中飲用的珍珠粉是人氣商品。

data 交 M2、10號線南京東路站步行3分　住南京東路450號　☎(021)63221160　時9~22時　休無

←琉璃瓦建成的外觀很有傳統感

→據說有美白效果的珍珠粉19元

在豫園附近享受昔日的美食&購物
豫園商城&上海老街

在持續進化的上海，
豫園區域至今仍留有往時中國的氣氛。
在這裡同時享受觀光和購物吧。

➡包進蟹黃湯汁的蟹黃灌湯包25元。皮不可食用

18元◀ 香菇肉絲炒麵

➡美食一字排開的景象相當壯觀

➡寬廣的店內

➡書本品項也很完備

擠滿老字號商店的
豫園商城
MAP 別冊 P7-D3

在紅牆與黑瓦建築逼近、如迷宮般的空間中、享用美食，尋找伴手禮。

↑圍繞池塘的中心區域

和豐樓 ✕ 和丰楼
MAP 別冊 P7-D3

豫園的知名美食廣場

彎曲的黑瓦相當復古的建築物，1樓整層是廣大的美食廣場，不僅有上海菜，還有北京、廣東等約300種中國各地的當地美食一字排開。採用將喜歡的料理依自己想要的量盛裝在托盤上，最後再結帳的方式。3樓還有火鍋餐廳。

data ✕ⓂⓂ10號線豫園站步行5分
🏠豫園老路100號 📞(021)63557878
🕐8時30分～21時
休無

吾同書局 ✕ 吾同书局
MAP 別冊 P7-D3

雜貨與小物品項豐富的書店

由同濟大學的大學生和老師共同開設的書店，也販售雜貨和舉辦活動。店內也有茶館方便遊客在遊覽豫園來此休憩。還可以付費製作書籤或書套等。

data ✕Ⓜ10號線豫園站步行5分
🏠方濱中路265號豫園華寶樓3F
(021)63390309
🕐9～21時(週五、六為～22時)
休無 Ⓔ

◀裝入小籠包形狀容器內的茶具組316元

↑推薦買茶葉78元當伴手禮

◀紅色的大招牌是店家的標識

豫園剪紙店
MAP 別冊 P7-D3

✕ 豫园剪纸店

中國傳統剪紙工藝

剪成毛澤東、熊貓等很有中國感的剪紙1張約20～280元。也可以當場請店家仿造自己的臉或照片製作剪紙（35元）。

data ✕Ⓜ10號線豫園站步行5分 🏠豫園老路62號 📞1391837-2868(手機) 🕐9～22時(11～2月為～21時) 休無 Ⓔ

上海五香豆商店 ✕ 上海五香豆商店
MAP 別冊 P7-D3

➡知名商品「五香豆」15元

↓很多人買來配茶或當下酒菜

絕對要購買的豫園伴手禮

販售以獨特辛香料炒蠶豆而成的零食：五香豆的商店。「老城隍廟」品牌的五香豆自古以來就是上海的名牌點心，在店前堆得高高的。

data ✕Ⓜ10號線豫園站步行5分
🏠豫園路104號
📞(021)23029629
🕐8時30分～21時
休無

↑位於綠波池旁，總是擠滿了人

◀可請店家將自己的名字寫成花體字。80元

➡福字剪紙（附外框）80元

⬆位於豫園商城入口的門

⬆道路兩旁擠滿屋脊的豫園商城內

街道散步POINT

彷彿包圍住豫園庭園的廣闊區域就是豫園商城。此外，南邊連接商城的道路就是上海老街，一邊享受窺視巷弄內的老街風情樂趣，一邊遊逛吧。

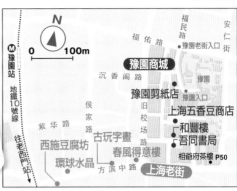

| course A 初訪行程 |
| course B 再訪行程 |
| course C 鑽究行程 |
| 建議探訪時間 9~11時 |

⬆店面設在舊校場路及方濱中路的街角

春風得意樓
MAP 別冊 P7-D4

🍴 春风得意楼

一邊喝茶，一邊觀賞皮影戲

商店1樓售有茶葉，2樓則為茶館。茶館會上演約15～20分鐘的皮影戲（中國傳統的剪影畫戲劇），茶飲和皮影戲套票為55元。

data 交 Ⓜ10號線豫園站步行5分
住 方濱中路337-339號
☎(021)53067802
時9時30分～18時 休無

➡1樓有在示範銷售龍井茶

悠閒風情的門前市鎮
上海老街
MAP 別冊 P7-D4

位於豫園南側，向東西延伸的街道。販售古董品或水晶等的親民店家櫛比鱗次地建造於此。

⬆有如豫園商城的門前市鎮般的存在

➡特色雙檔12元，是加入麵筋和豆干的冬粉湯春雨

➡小巧的店內在用餐時間時都坐滿了人

西施豆腐坊
MAP 別冊 P7-C4

🍴 西施豆腐坊

搖搖晃晃的豆花是知名菜色

能品嘗到手作豆腐菜色的專賣店。售有2種豆花，有彈性的口感與濃郁的大豆風味相當特別。可以把加了糖水與紅豆的甜豆花6元當甜點享用，鹹味的美味豆花5元則是輕鬆解決一餐的好選擇。春捲為8元。

data 交 Ⓜ10號線豫園站步行5分
住 方濱中路454號 ☎(021)53831733
時8時～18時30分（週六、日為6時30分～）
休無

⬆鹹豆花，配料有蝦米、榨菜、青蔥

環球水晶 🍴 环球水晶
MAP 別冊 P7-C4

水晶商品齊聚一堂

售有種類豐富的水晶商品，其中最有人氣的是手鐲90～1000元。產地多為江蘇省東海，很常有日籍觀光客造訪。

data 交 Ⓜ10號線豫園站步行10分
住 方濱中路439號
☎(021)53065818
時8～20時 休無

⬆很有人氣的水晶手鐲200元～

⬇水晶洞2000元～

➡坐鎮店面有招財貓

古玩字畫 🍴 古玩字画
MAP 別冊 P7-D4

細緻又美麗的書畫及刺繡

店內擺滿有50年以上歷史的繪畫、書畫及刺繡，價位範圍廣，在30～1000元左右，尋找喜愛的作品也很有樂趣。

data 交 Ⓜ10號線豫園站步行10分
住 方濱中路373號
☎13795424714
時9～21時 休無

⬆中國風的鯉魚刺繡80元

⬇有許多以自然和故事為題材的書畫

⬇連店前都擺滿了書畫

江南樣式的名園
探訪豫園

→坐鎮「漸入佳境」入口的一對鐵獅子

巧妙配置樓閣、涼亭於園內的江南樣式名園：豫園。
只是在此悠閒散步是也不錯，但如果了解這裡的歷史背景以及細部的品味方法的話，就能體會箇中樂趣。

豫園
豫園
MAP 別冊P7-D3

起源於1559年，擔任四川省長官的上海籍人士潘允瑞，為了父親而興建這座庭園。由明代知名造園師：張南陽負責造園，成了一座設有莊嚴傳統建築和太湖石的名園。

data 図M10號線豫園站步行5分 住安仁街132號 ☎(021)63260830 時8時30分～17時30分(11～2月～17時)。入園時間至閉園前30分) 休無 金40元(11～2月為30元)

✕ 鑑賞關鍵字

四爪龍
豫園內有總共有5隻四爪龍。為了跟象徵皇帝的龍（爪子有5根）有所區別，因此做成四爪。

花窗

從花草鳥類等主題的鏤空窗戶看過去，對面的世界就像一幅畫一樣。

月亮門

間隔於迴廊中間的圓形門。有劃分視線、拉長空間的效果。

太湖石

江蘇省太湖產的石灰岩。石頭上有無數個因侵蝕產生的洞，是備受珍視的點景石。

❶ 三穗堂
三穗堂
→隨著園主替換而掛上的3塊匾額

莊嚴地佇立在入口旁的三穗堂是為祈求豐收而建，門上有稻米等農作物的雕刻。掛在堂內的三塊匾額，顯示了過去幾次園主的輪替。

門上的玉米雕刻象徵祈求豐收

→門前石頭上的「海上名園」是由江澤民題字
重點在這裡

❷ 仰山堂
仰山堂

就算在豫園內也特別有明代風情的地點之一。四周有池塘圍繞，由2層樓閣構成的1樓為仰山堂，2樓則是春雨堂，各有不同的稱呼。從外廊可以隔著池塘一覽大假山景。

↑仰頭就是太湖石造的人造山（大假山）的仰山堂 →仰山堂前的廣闊池塘和大假山的風景是拍照的好地點

畫有烏龜和古錢圖樣的磚瓦拼貼，據說象徵著長壽（烏龜）與金錢運（古錢）
重點在這裡

❸ 萬花樓
万花楼

原本是明代的花神閣。一如樓名，梅花與蘭花、菊花等花朵浮雕相當美麗。樓前有樹齡400年的大銀杏，還配置了太湖石的湖石假山。

→仔細一看，到處都有花朵浮雕 ↓設置於樓前池塘的涼亭：魚樂榭

❹ 點春堂
点春堂

原來是響應1851年的太平天國之亂，而在上海武裝起義的「上海小刀會」司令部。堂內展示著當時的武器與文書等相關資料。

↑旁邊的牆壁上就有一隻龍挺起身軀

→在武裝起義失敗後曾遭到破壞，於1868年重建

✕ 豫園巡禮模範圖表

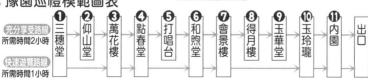

	❶	❷	❸	❹	❺	❻	❼	❽	❾	❿	⓫	
充分享受路線 所需時間2小時	三穗堂	仰山堂	萬花樓	點春堂	打唱台	和煦堂	會景樓	得月樓	玉華堂	玉玲瓏	內園	出口
快速遊覽路線 所需時間1小時												

❺ 打唱台
打唱台

正對點春堂的小舞台。據說從前的人們都會坐在點春堂，欣賞舞台表演。有一半的建築突出後面的池塘。

重點在這裡
屋頂上還有三國志裡的人物像

← 舞台不大，卻連細部都充滿巧思，造型優美

❻ 和煦堂
和煦堂

比起建築本身，裡面的家具更加有名。堂內的桌子和椅子都是用樹齡超過200年的榕樹根製成，彎彎曲曲的形狀有獨特的風情。在與會景樓之間的地方，有攀著2隻龍的龍壁。

↑ 和煦堂的外觀　→ 館內僅供參觀，禁止坐上榕樹椅

豫園

福佑路　萃秀堂　藏寶樓
❸ 萬花樓
點春堂 ❹
按下快門的好機會！　漸入佳境
從這裡面向　九獅軒
北方拍攝吧
仰山堂 ❷　　　　　❺ 打唱台
三穗堂 ❶　會景樓 ❼　❻ 和煦堂
　　　　　　　　　老君殿
豫園入口
九曲橋　得月樓 ❽　❾ 玉華堂
湖心亭　　藏書樓　❿ 玉玲瓏
P50
綠波廊酒樓 **P81**
豫園路　出口
寧波湯圓店　　靜觀大廳
P85　　　　內園 ⓫　聳翠亭
觀濤樓　　延清樓
還雲樓

course A　初訪行程
course B　再訪行程
course C　講究行程

建議探訪時間
9~11時

❼ 會景樓
会景楼

位在豫園中心，佇立在有池塘及人造山圍繞三方的地點，由於是在豫園內也特別美觀的場所，因此命名為會景樓。樓內有鑲入寶石的紫檀屏風。

↑ 被認為是豫園景色最漂亮的地方

❾ 玉華堂
玉华堂

豫園首位園主：潘允瑞曾使用過的書齋。書桌的位置，是抬頭就能觀賞到池塘和玉玲瓏景觀的特等席。堂內的紅木桌上，放置著文房四寶的硯與毛筆。

❽ 得月樓
得月楼

隔著池塘佇立在會景樓正對面。由於以前每到中秋節，月亮就會從此處映照在池塘上，被視為是吉利的象徵，因此命名為得月樓。在清代時，由著名書畫家組成的「書畫善會」設置於此，也曾作為展覽會的場所使用。

↑ 前面的池塘聚集了餵食鯉魚的人潮

← 從建在池塘邊的流觴亭可以看到美麗的景色

↑ 正面對著玉玲瓏

← 可以一窺明代知識分子的生活

❿ 玉玲瓏
玉珑

3個並排的石頭中，中央那塊就是玉玲瓏，為江南三大名石之一。因為侵蝕，石頭上開了多達72個洞，有「百孔淌泉，百孔冒煙」之稱的形狀非常有特色。

→ 一直以來都認為洞多到彷彿會崩塌的石頭為佳

⓫ 內園
内园

豫園中的小庭園。原本是城隍廟的庭園，在1956年與豫園合併。園內以靜觀大廳為中心，由太湖石構成如迷宮般複雜的空間。裡面有一隻龍，一走出內園就到了出口。

← 門上精細的雕刻也很美麗

↓ 龍壁很容易被忽略，敬請留意

一邊在巷弄內散步

MAP 別冊 P12-A3

在田子坊尋找雜貨

上海昔時的集合住宅並立的一隅，
現在已成為充滿國內外藝術家的工作坊
以及咖啡廳的人氣景點。
前往構造如迷宮般的巷弄GO！

1.上海傳統的石庫門建築林立的巷弄是絕佳的拍照地點　2.所到之處都是充滿風情的建築　3.販賣鮮艷旗袍的商店。此處有許多個性小店

是什麼樣的地方？

田子坊原本不過是當地居民居住的超普通巷弄，會開始備受矚目是由於1999年，中國著名的藝術家：陳逸飛在這裡開設店鋪。現在還有上海SOHO區之稱。

前往田子坊的ACCESS

田子坊位在離上海中心區域稍微偏南的地方，最近的車站是地鐵9號線的打浦橋站，從車站走路約3分鐘即可到達。若想搭乘計程車直接前往主要入口，只要跟司機說要去「泰康路210弄」就可以了。

街道散步POINT

CHECK出入口

泰康路上大致有3個大門。主要出入口是寫有「田子坊」的210弄大門，依目的地不同，也可以從西側的「天成里」、「平原坊」進入。建國中路的出入口由於沒有大門，對初訪的人來說很難找。

地址要這樣看！

首先要確認地址的「弄」跟「號」。「弄」是巷弄的號碼，「號」則表示門牌號碼。有些建築物的號碼標示很大。

中心為「四合院」區域

咖啡廳「公社咖啡」所在的廣場（MAP／P30B1）就在四合院院內。名稱來自四方建有建築物的中國北方住宅形式。

周邊備受矚目的景點

隔著泰康路建在對面的「日月光中心廣場」是購物區，連接建國中路的全新開發區域「泰康庭」則是急速成長的景點。

地圖

往瑞金二路

N

0　30m

建國中路

A　→往思南路　**B**

建國中路115弄東側

往泰康庭 P33

1

PROPAGANDA ART

Angel's Pearl Studio

臻茶林

衣曼茶羅

石怡集 P32

Scarf City　AKURAH

Memory

紐子　波希米亞餐廳酒吧

insh

9號站

亞洲雜貨店Hari Rabu

公社咖啡 P32

雙妹 P53

（僅有男廁）

茶嘉tea＋ P31

P32 京扇子

155弄

P32 卓瑪

四合院區域

248弄

金粉世家 P31

延樂茶集

5號樓

大強号 P31

Origin

（男女廁皆有）

上海盈稼坊工作室 P31

q's coffee

248弄

泰迪之家

2106

Tai Thai

藏瓏泰極

3號樓

泰康路210弄

蓮池印度餐廳 P84

蘭

手匯坊

desin and com

城市山民 P33・88

200弄

往Platane 思南路 P86

上海密碼

嬤 P31・88

274弄

GLISMATTEN

RUI YUAN

往瑞金二路

樂天陶社

平原坊（大門）　CHOGU

寶珠奶酪 P33

天成里（大門）

田子坊正門（大門）

泰康路

日月光中心廣場 P33

M 9號線打浦橋

從田子坊正門 START

→寫有大大的「田子坊」字樣的入口

↓能看見實際進行刺繡的樣子

看到這個入口後，進入3號樓

course A
初訪行程

course B
再訪行程

course C
講究行程

建議探訪時間
13~16時

2,280元→絲棉混紡的旗袍

210弄 旗袍
金粉世家

金粉世家 MAP P30-B2

設計簡雅的旗袍

老上海風格的裝潢令人驚豔的中國服飾專賣店。女裝、男裝皆有販售，也接受訂製。旗袍無論是棉麻材質或是絲質皆1000元～。縫製需3～7天。

↑陳列著古典的中國服飾

data | 交田子坊正門步行1分 住泰康路210弄3號110室 (021)64667006 時10~21時 休無

在3號樓西側的小路上也有幾家的店鋪並列於此

↓自然X中華風的服飾品項也很豐富

210弄 雜貨
上海盈稼坊工作室

上海盈稼坊工作室 MAP P30-B2

溫馨的少數民族布置小物

販售以細緻的絲線製作的苗族刺繡小物。店內的商品均是以苗族傳統為主題設計的原創品項。抱枕套190元～，提袋280元～。

data | 交田子坊正門步行2分 住泰康路210弄3號118室 (021)64734596 時8~21時 休無

→以鳳凰與牡丹為主題的抱枕套280元

210弄 雜貨
大強母

大強母 MAP P30-B2

香氛瀰漫的美妙空間

店內由高挑的天花板與白色牆壁所圍繞，形成一個清爽的空間。販售以香氛產品為中心，精選衣物、陶瓷器、提袋等在上海活動的工藝家的作品。也網羅中國傳統風服飾280元～等品項。

data | 交田子坊正門步行2分 住泰康路210弄3號111室 (021)52131909 時9~19時 休無

↓販售各種類的香品，品項相當豐富
→使用上海古布製作的提袋300元

210弄 茶葉
茶嘉

茶嘉 tea⁺ MAP P30-B2

包裝相當可愛的茶葉

老闆只蒐集符合自己審美觀的品項販售。店內空間簡約又令人安心。雖然店面主要用來販售茶葉與茶器，但也可把後方的座位區當茶館在此飲茶。以台灣茶為主，茶葉為38、48、58元。

↑包裝典雅的茶葉最適合拿來當伴手禮

↓阿里山烏龍茶58元，附贈茶點（每日替換）

data | 交平原坊入口步行1分 住泰康路200弄3號樓113單元 (021)64731086 時10~21時(冬季為~20時30分) 休無

210弄 絲巾
嫵

嫵 MAP P30-B2

在絲巾專賣店尋找喜愛的款式

因高品質而頗受好評的絲巾專賣店。平時就備有以喀什米爾羊毛、帕什米納山羊絨、絲綢製作的100種以上原創商品，顏色選擇也很豐富。以現代風格演繹中國傳統花紋的絲巾，應該能在許多場合大顯身手。

data | →P88

↓以絲綢製作、色彩繽粉的絲巾3589元～
↑店內陳列著讓女性變得優雅的絲巾

往P32

隔著主要道路，就在對面

從210弄的小路向北走

→接續P31

石怡集
`210弄 雜貨` MAP P30-B1

Esydragon／石怡集

富有品味的中國雜貨

充滿了很有中國風的傳統主題
雜貨的商店。除了有獨創的陶
瓷器以及絲綢製室內雜貨，還
有馬克杯、中國結吊飾等，種
類豐富又適合當作伴手禮的小
物都在這裡。

data 交田子坊正門步行2分
住泰康路258弄51號102室
☎(021)54658382
時10～20時
休無

店內比從外面看起來還
寬廣，商品數量也很多

↑絲綢製熊玩偶
50元

←馬克杯為
300～600元

到了公社咖啡所在
的四合院區域轉過這個轉角就

公社咖啡
`210弄 咖啡廳`

Kommune／公社 MAP P30-B1

區域內的老字號咖啡廳

在田子坊發展成現在的樣貌前
就在此處的老字號咖啡廳，如
今它就有如街道的象徵一般。
雖然經過多次改裝，內部裝潢
仍維持著一貫的文革時代氛
圍。也設有具開放感的露天座
位區，很受外國人歡迎。

data 交田子坊正門步行2分
住泰康路210弄7號5室
☎(021)64662416
時8～24時(週五、六～翌日1時)
休無

↑雞蛋培根三明治78元，
芒果拉昔48元

←店內的整面
牆上都畫有很
前衛的插圖

↑開放的露天座位區相當受歡迎

就在旁邊

卓瑪
`210弄 雜貨`

Joma Arts／卓瑪 MAP P30-B1

都是獨樹一格的商品

由西藏三姊妹經營的民族雜
貨店。親赴西藏或尼泊爾採
購的小雜貨與抱枕套，都充
滿了手工製作才會有的溫
度。銀飾以及天然石飾品的
種類也相當豐富。

店內佈置成東方風格

data 交田子坊正門步行
2分
住泰康路210弄7號6室
☎(021)54652113
時10～21時
休無

↓羊毛氈家居鞋，
兒童用的也是50元

↓真麂皮化妝包，
180元人民幣

要前往下個區域，
關鍵就是要
穿過這家店！

往P33
往南前進吧

京扇子
`248弄 扇子`

京扇子 MAP P30-A1

上海唯一的中國扇子店

為源自北京的品牌，店名中的「京」
就是指「北京」。在上海，就只有這
裡能買到京扇子。翻修厚實的石庫門
住宅而成的店內，裝飾著各式各樣
花紋的中國扇子，商品價位很廣，從
38～8800元都有。

data 交天成里入口步行2分
住泰康路248弄37號
☎(021)34601148
時9～22時 休無

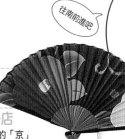
↑山茶花圖樣
279元

↓扇子套38元～

↓很有氣氛的外觀

→店內點綴著美麗的
中國風扇子

course A
初訪行程

course B
再訪行程

course C
講究行程

建議探訪時間
13～16時

248弄 香品・雜貨
Urban Tribe／城市山民
城市山民 MAP P30-B2

堅持使用天然素材的店

堅持使用棉布、亞麻等有機素材、別具個性的設計頗受好評的上海品牌。除了有銀飾、天然石製首飾外，還有茶器、茶葉等，展現獨特世界觀的精選品項相當優秀。 data →P88

↓可攜帶茶器前往目的地的紫砂壺與容器組690元

←銀製耳環 695元

←平原坊那側也有出入口

稍微走遠一些
宝珠奶酪
寶珠奶酪 MAP P30-A2

甜度較低的甜點

↑將堅果和季節水果等4種配料加入濃郁優格中的奶酪菜a28元

在泰康路南邊的日月光中心廣場內的甜點店。也有「宮廷優格」之稱的奶酪，是將米醋加入牛奶中製成的北京傳統甜點，特色是清爽的酸味和溫和的甜味。除了宮廷奶酪16元外，牛奶布丁（雙皮奶）16元也很受歡迎。

↑加入水果和白湯圓的奶酪菜b36元

data 交M9號線打浦橋站步行即到 住日月光中心廣場1F ☎(021)6416 1023 時10～22時 休無

↑要吃甜點就要來這家店

田子坊周邊的順路SPOT

田子坊的熱潮永無止盡，目前不僅是巷弄內，範圍還不斷向北、南方擴大！
其中特別受到矚目的，是這2個景點。

1

2

1.圍住中央的廣場的甜甜圈型設施　2.美食廣場裡還有生煎小籠包人氣店家：小楊生煎館　3.地下1樓的中庭部分　4.位於1樓的「貝蕾魔法」的巧克力蛋糕

4

日月光中心广场
日月光中心廣場 MAP P30-A2

人氣店家雲集的複合設施

裡面有UNIQLO等許多人氣商店

直通地鐵打浦橋站、就在田子坊前面的大型購物中心。由地下2樓到地上5樓構成，館內以美食廣場為首，有各式各樣的美食景點，總是擠滿了人潮。

data 交M9號線打浦橋站步行即到 住徐家匯路618號 ☎(021)64332999 時10～22時 休無

1.位於2樓的開巴（→P93）的露台座位
2.早午餐38～78元的其中之一：燻鮭魚班尼克蛋和PALMI啤酒
3.開巴的店內感覺很復古

Taikang Terrace
泰康庭 MAP 別冊P12-A3

賣點為露台的複合設施

位於田子坊北側、穿過建國中路的巷弄，是位在人煙稀少的狹小巷弄深處的全新翻新景點。進駐的店家還不多，有世外桃源的氛圍。期待今後會變得更加豐富。

data 交M9號線打浦橋站步行5分 住建國中路169號 ☎時視設施而異 休無

延續至田子坊的出入口

受外國人與年輕人歡迎

新天地的極品美食

1.也很受當地年輕人歡迎的區域　2.戶外咖啡廳突出於主街道兩側　3.利用復古石庫門建築開張的店鋪並列著

改建自傳統住宅建築「石庫門」的翻修區域：新天地。在融合了過去與現在的獨特街道中，嶄新的餐廳以及很有氣氛的咖啡廳齊聚一堂。那麼，要在哪裡吃飯才好呢？

是什麼樣的地方？

石庫門為誕生於1870年代左右的石磚造集合建築。而復興石庫門而成的複合商業地區中的先鋒之地，就是新天地。在新天地內有新上海菜餐廳以及戶外咖啡廳、道地爵士酒吧林立，構成了充滿異國風情的街景。

前往新天地的ACCESS

新天地位於市區中心，無論從哪裡前往都很方便。從地鐵10、13號線新天地站出發，穿過新天地時尚後，不用上地面就可以到達新天地區域。距離地鐵1號線黃陂南路站也很近。北側的太倉路上的大門是正門。

街道散步POINT

北里與南里

以興業路為界，北街區為「北里」，南街區為「南里」。從北里的太倉路那側到南里的新天地時尚之間，有主街道直線貫穿過去。小巷深處也有商店和餐廳。

活用導覽圖

區域內四處都有導覽板，也有導覽地圖，敬請活用這些資源。也確認一下商業大樓1樓的樓層平面圖。

直通地鐵的購物中心

與直通地鐵的人氣購物中心，就是新天地時尚。隨著連接新天地南里的天橋落成，往來雙方也更加輕鬆。蔚為話題的商店也持續增加。

區域仍持續擴大中

現在仍在進行擴大計畫。像是在新天地東側有購物中心「湖濱道」，南側則有SOGO復興廣場開幕，新天地的區域範圍現在也不斷擴張。

地圖

往黃陂南站 M↑

太倉路

星巴克

新元素 P36

海逸酒家 P35

GODIVA

夜上海 P35

上海灘

北里

馬当路

買萊納

天泰餐廳

瓊耳唯品

WC

布歌東京 P36

中共一大會址紀念館 P77

石庫門屋裡廂 P79

嘉陽茶行

上海灘

兴业路

雲南雲海肴 P35

O'md

P53 鉦藝廊

CARAT

●CJW P92

南里

The House新里

翡翠酒家(2F)

P42 鼎泰豐(2F)

WC

豆苗工房 P36

自忠路

0　　50m

N

A　往新天地時尚、新天地站↓ M　B

course A 初訪行程
course B 再訪行程
course C 講究行程
建議探訪時間 18～21時

餐廳篇

難得來上海，好想在有上海氛圍的餐廳享用午餐或晚餐！我們為這麼想的讀者，推薦了這3家餐廳。

最推薦這個
包進大蝦子的蒸蝦餃真是奢侈又美味！

1.點心18元～相當實惠
2.大千爆螺片168元，為用辣醬炒螺肉的料理
3.裝有彩色玻璃的店內有復古古典的氣氛

海逸酒家

海逸酒家 MAP P34-A1

點心也很值得推薦的廣東料理餐廳

開設於市內的人氣廣東料理餐廳，是新天地的全新店家。店內為讓人想起租界時代上海的古典氣氛，可品嘗到來自香港的主廚掌廚的道地廣東料理。午餐時間有提供40種以上點心。

data 交M1號線黃陂南路站步行5分
住太倉路181弄北里17號
電(021)63876777
時11時～14時30分、17～23時
(21時30分最後點菜時間)
休無

1.採用雲南少數民族風格的室內設計
2.重新利用整棟古老石庫門住宅的餐廳
3.健康的黑糖豆花12元一定要嘗看看

最推薦這個
提供調味高雅的懷舊家庭料理

夜上海

夜上海 MAP P34-B1

懷舊又摩登的餐廳

使用老舊石庫門經營的餐廳。店內設置鮮明的紅色燈具，呈現出瀰漫著懷舊卻摩登氛圍的空間。料理以正統上海菜為基底，並加入現代的巧思。週五、六20時30分～22時30分可以欣賞爵士樂的現場演奏。

1.清炒河蝦仁228元、鹹肉菜飯68元等
2.椅子排在面朝後巷的窗邊
3.塞進上海蟹肉與蟹卵的蟹粉鑲蟹蓋52元

data 交M1號線黃陂南路站步行5分
住黃陂南路338號
電(021)63112323
時11時30分～14時30分、17時30分～22時30分
休無

云南云海肴

雲南雲海肴 MAP P34-A2

使用山中珍味製作味道溫和的雲南料理

為在北京深受好評的雲南料理餐廳的分店，只要到用餐時間，3層樓的店內就會高朋滿座，可見其人氣之高。雲南省的料理不只有受到鄰省四川省的影響，也有很濃烈的越南、帛琉等東南亞色彩。雖然是民族料理，卻因為料理中使用許多菇類等山菜，而有家常的味道。

最推薦這個
將配料與麵放進湯裡享用的人氣餐點

data 交M1號線黃陂南路站步行7分
住興業路123弄1號樓1單元
電(021)53835300
時11～22時
休無

雲南過橋米線46元

咖啡廳篇

有許多人會坐在擺在新天地路上的咖啡桌休息。要不要在購物或觀光的空檔，放鬆小憩一下呢？

最推薦這個
可以從豐富種類中選出自己喜歡的沙拉

1.也可以用手指點餐
2.沙拉為2種30元、4種50元、6種70元

豆苗工房

豆苗工房 MAP P34-A2

盡情享用新鮮蔬菜

受素食者歡迎的咖啡廳兼熟食店，有許多上海的年輕人與歐美人士會來光顧。當然也有提供肉類料理，但主要以沙拉等蔬菜為中心。沙拉半份35元、一份50元。反映最近的健康風潮，連續好幾天都擠滿了人潮。

data　交M10、13號線新天地站步行5分
住馬當路185號　(021)63390586
時10～22時(週六、日為8時30分～)
休無

1.沉穩色調的店內
2.巧克力慕斯等蛋糕為35元～，聖代58元～也很值得推薦

最推薦這個
蛋糕與卡布奇諾、拿鐵40元最適合休息時享用了

Mvuke Tokyo salon&bar／布歌东京

布歌東京 MAP P34-A1

擴展至全中國的人氣咖啡廳

有8個吧台座、3個雅座的小巧咖啡廳。入口旁有蛋糕櫃，陳列著色彩繽紛的可愛蛋糕，也有許多人只為了買蛋糕而來。飲料有美式咖啡35元和紅茶40元等，也能享用下午茶（兩人份）158元。

data　交M1號線黃陂南路站步行4分
住馬當路159號新天地北里104單元
(021)32568081　時11～23時　休無

最推薦這個
也有美妙上海現代氛圍的露台座位

古董花園

古董花園 MAP 別冊 P21-D4

在古董包圍下享受下午茶時光

位於風情萬種的思南路上的古董店兼咖啡廳。店內裝飾著滿滿的古董家具和雜貨，設計充滿古典氛圍，有時還會有雜誌來取景拍攝。也有露台座位區，可一邊欣賞思南路的法國梧桐行道樹一邊喝茶。

data　交M13號線淮海中路站步行6分
住思南路44號甲
(021)53821055
時11時～翌日2時(週一為～22時30分※2樓在19時以後是酒吧)
休無

1.天氣好的日子就在中庭小憩一會兒
2.來找找意想不到的古董珍品吧
3.風格跟大街很搭的外觀

Element Fresh／新元素 MAP P34-A1

新元素

最適合來這裡享用休閒午餐

有放上烤雞肉、起司、酪梨等的經典考伯色拉95元等，提供各種一盤就可以攝取大量蔬菜沙拉的咖啡廳兼餐廳。早上也有供應早餐，夜晚則可以作為休閒酒吧使用，一整天都可來光顧。

data　交M1號線黃陂南路站步行5分
住太倉路181弄北里18號樓2單元
(021)63260950
時8～24時(週五、六為～翌日2時)
休無

1.以新鮮水果製作的果昔也很受歡迎。芒果寶寶等39元。
2.地中海風味沙拉79元

3.在天氣好的日子坐在露台座位上很舒適

最推薦這個
沙拉是可以多人分享的大份量！

Johnnie Walker House（尊邸）前的約翰走路像

course A 初訪行程
course B 再訪行程
course C 講究行程
建議探訪時間 14～17時

下一個流行景點就是這裡！蔚為話題的地區
來CHECK思南公館

在陸續出現翻新老舊住宅群區域的上海，思南公館也是被視為是第二個新天地的矚目景點。思南公館位於可以說是上海高地住宅區的靜謐場所，也能看到許多歐美人士。

井然有序的街道

思南公館 思南公馆 MAP 別冊P21-D4

位於靜謐的法租界住宅區中的思南公館又有「高級版的新天地」之稱，街景的氛圍更加充滿了高級感。從新天地或泰康路走過來也不遠，不妨在散步時順便過來看看。

Access 交M10、13號線新天地站步行10分

有美麗庭園的法式洋房

佇立在庭園中的周恩來像

周公館 MAP 別冊P21-D4 展覽館

1946年到1947年為中國共產黨代表團駐上海辦事處的建築，周恩來曾在這裡處理會議、記者會等公務。

data 交M13號線淮海中路站步行15分 住思南路73號 ☎(021)64730420 時9～16時 休無 免費

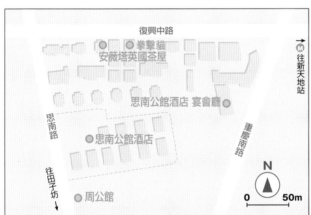
（地圖：復興中路、拳擊貓、安薇塔英國茶屋、思南路、思南公館酒店 宴會廳、重慶南路、思南公館酒店、周公館、往新天地站、往田子坊、0 50m、N）

可以品嘗到各式各樣的啤酒

思南公館酒店 洋房建築 MAP 別冊P21-D4

在上海中也算屈指可數的高級飯店

翻修21棟建於1920～1930年代的洋房而成的超豪華飯店，就算只去使用飯店餐廳也不虛此行。

data 交M10、13號線新天地站步行10分 住思南路51號 ☎(021)51017070

拳擊貓 Boxing Cat MAP 別冊P21-D4 酒吧

啤酒品項十分豐富。除了啤酒外，也有提供漢堡、沙拉等輕食。

data 交M10、13號線新天地站步行10分 住復興中路519號521號26A單位 ☎(021)64260360 時11時30分～24時（週四、五為～翌日2時，週六為10時～翌日2時、週四為10時～）休無

厚重的外觀讓人更加期待

思南公館酒店 宴会厅 洋房建築 MAP 別冊P21-D4

位於離飯店較遠的重慶南路入口的宴會廳，由於不開放給一般遊客參觀，就從外面欣賞吧。

data 交M10、13號線新天地站步行10分 住思南公館內 ※僅可參觀外觀

連續的圓拱窗外觀令人印象深刻

安薇塔英國茶屋 Annvita Tea House MAP 別冊P21-D4 茶室

可以品嘗到正統英式紅茶的茶室，3樓附設下午茶博物館。

data 交M10、13號線新天地站步行10分 住復興中路529號27幢樓 ☎(021)64339199 時11時～21時50分 休無

維多利亞女皇下午茶套餐 218元（1人份）、398元（2人份）

使用古老洋房經營的茶室

一面享受美食一面購物
購物巡禮 in
淮海中路

⬆大型百貨公司與高級名牌店並列於此

沿著淮海中路，有許多受當地女孩歡迎的店家聚集於此，步道上總是人山人海。來尋找回國後也能使用的商品吧！

可以同時享受購物和美食尋訪樂趣！

🎵 街道散步POINT
淮海中路以及穿過這裡的周邊道路旁的區域，有許多適合女孩的店家聚集。街道散步的基準點為陝西南路站，由於此區域遍布著許多值得推薦的店家，有效地利用計程車移動吧。

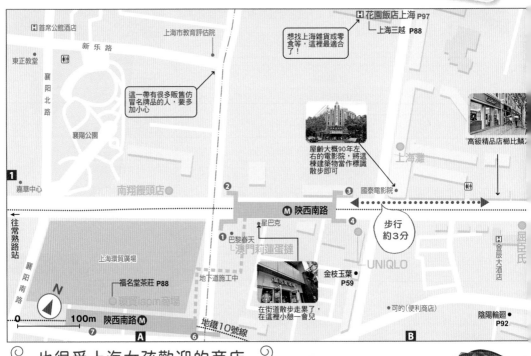

H 首席公館酒店
東正教堂
新乐路
上海市教育評估院
H 花園飯店上海 P97
└ 上海三越 P88

想找上海雜貨或零食等，這裡最適合了！

這一帶有很多販售仿冒名牌貨的人，要多加小心

襄陽北路
襄陽公園

高級精品店櫛比鱗次

屋齡大概有90年左右的電影院，將這棟建築物當作標識散步即可

上海灘

1 嘉華中心
南翔饅頭店

② 陝西南路

③ 國泰電影院

④
步行約3分

往常熟路站

星巴克
⚫ 巴黎春天
澳門莉蓮蛋撻

金辰大酒店

襄陽南路

上海環貿廣場
福名堂茶莊 P88

地下道施工中

UNIQLO
金枝玉葉 P59

屈臣氏

N
0　100m　陝西南路 M
環貿iapm商場

在街道散步走累了，在這裡小憩一會兒

⚫ 可的(便利商店)

陰陽輪迴 ●
P92

7 **A**
地鐵10號線
6
B

🌀 也很受上海女孩歡迎的商店

上海灘 MAP 別冊P20-B3
對品質相當有自信的高級雜貨
源自香港、以鮮明色調的小物類以及服飾聞名的品牌，商品以上海租界時代為主題設計。特別推薦的是使用喀什米爾羊毛或絲綢製作的高品質商品。

➡印有蛇紋的牛皮壽字手環1715元

data 🚇M1、10、12號線陝西南路站步行1分 茂名南路129號 📞(021)54030580 🕙10時30分～21時30分 休無

E ➡厚重的外觀令人印象深刻

Watsons／屈臣氏
屈臣氏 MAP 別冊P21-C3
物美價廉美妝品的寶庫
擴展至亞洲各地的香港美妝品連鎖店。以面膜及卸妝乳為首，有許多既實惠、包裝又可愛的商品，很適合買來當伴手禮。也有人會大量購買。

⬆中國宮廷系列的面膜為6片裝104元

data 🚇M13號線淮海中路站步行2分 淮海中路787號 📞(400)8301310 🕙10～22時 休無

⬅賣場很寬敞，可以從眾多商品中選擇

➡全身保濕用的蒸氣乳霜為35g裝47.5元

038

course A
初訪行程

course B
再訪行程

course C
講究行程

建議探訪時間
10～14時

在購物的空檔品嚐小吃美食

南翔饅頭店
南翔饅头店
名產小籠包店

為豫園商城內同名商店的分店，招牌料理果然就是小籠包。與總店不同，最有人氣的蟹黃就算不用排隊也吃55元得到，就像隱藏景點一般。

data 交 M 1、10、12號線陝西南路站步行1分 住 淮海中路988號 黃金世界2F 電 (021)64179227 時 10～21時 休 無

→位於大樓2樓

豐裕
丰裕 MAP 別冊P21-C3
菜單品項豐富的小吃店

為上海菜老店，由光明邨大酒店經營的小吃連鎖店。以招牌料理生煎為首，有豐富種類的小吃可供選擇。data 交 M 13號線淮中路站步行5分 住 瑞金一路142號 電 (021)54046404 時 6時～20時30分 休 無

→招牌料理「生煎」 6元／4個

→橘色的看板是標識

澳門莉蓮蛋撻
澳门莉莲蛋挞 MAP 別冊P20-B4
澳門知名甜點

源自澳門的烘焙糕點，蛋塔4元人民幣為人氣商品，百貨地下街的分店總是擠滿了人潮。相當適合買來邊走邊吃。data 交 M 1、10、12號線淮海中路站步行1分 住 淮海中路868號 電 (021)64741399 時 10～22時 休 無

→位於百貨公司地下2樓

→餅皮與卡士達餡的比例相當絕妙

飲料店「快樂檸檬」，加入珍珠和仙草凍等配料的果汁14元～很受歡迎

粉紅色外觀相當可愛的Line Friends

P80 光明邨大酒家 往黃陂南路→

主打「快速時尚」的H&M，總是擠滿了人

MUJI

無印良品
無印良品 MAP 別冊P21-C3

從上海發祥的特產直銷商店

於2015年12月開幕的無印良品旗艦店。樓層共有1～3樓，空間相當寬敞，內有MUJI BOOKS、Diner、MUJI YOURSELF、IDEE等。最受歡迎的商品為化妝水100元～。

data 交 M 1、10、12號線陝西南路站，或是13號線淮海中路站步行5分 住 淮海中路755號淮海755大廈1～3F 電 (021)33565881 時 10～22時 休 無

↓陳列整齊的MUJI BOOKS

→大家熟悉的LOGO就是標識

→香氛精油的品項很豐富

↓以黑色為基調的沉穩店內

●优衣库

UNIQLO
UNIQLO MAP 附錄P20-B3

也有上海限定的商品

現在在中國也超有人氣的UNIQLO旗艦店。由地上5層、地下1層樓構成，如果買上海限定設計的T恤當伴手禮送人，對方應該會很開心。

data 交 M 直通1、10、12號線陝西南路站 住 淮海中路887號 電 (021)54923232 時 10～22時 休 無

→UT主題樓層也是世界最大規模

↓整棟曾是百貨公司的建築物都被改建為UNIQLO

●上海环贸广场

環貿iapm商場
環貿iapm商場 MAP 別冊P20-B4

→華美的挑高構造

全世界的高級品牌雲集

為巨大購物中心，呈流線型的中央挑高構造令人印象深刻。除了有PRADA、GUCCI等傑出的世界級品牌外，3樓也有Marimekko、無印良品等商店進駐。餐廳樓層的商店選擇也很豐富。

data 交 M 1、10、12號線陝西南路站步行1分 住 淮海中路999號 電 (021)62591117 時 10～23時 休 無

→1樓PRADA的賣場面積為上海最大

→全世界的頂級品牌並列於此

體驗老上海的翻新景點
在蔚為話題的2個區域
復古散步

除了經典區域外，還有許多值得去散步的景點
一起看看藉由復古氛圍吸引人氣、現在蔚為話題的區域吧！

人民廣場 • 老碼頭
衡山路 小南門
衡山路

南外灘的建築物群
老碼頭

曾是交易中心而繁榮的老碼頭（如其名就是老舊碼頭之意），是翻修磚瓦造建築而成的懷舊區域。各國料理餐廳、咖啡廳兼酒吧、商店等在此連綿，形成熱鬧滾滾的景象。

Access 距 M 9號線小南門站車程5分　MAP 別冊P3-C2

🎵 街道散步POINT
振興位於復興東路南邊、黃浦江邊的十六鋪碼頭周邊工廠遺跡與倉庫群而成的一個角落。由於區域狹小，可以慢慢遊逛。

IL BAMBINO　　　　　　義大利菜
班比諾義大利餐廳 MAP 別冊P3-C2

面向浦東的義式餐廳

開設在黃浦江邊7號樓的餐廳，店內為以黑色為基調的時尚裝潢，從露台座位或包廂皆可望見浦東景色。法國產生蠔12個688元（3個198元）也很受歡迎。

data 住 外馬路458弄7號樓3樓　📞 (021)
63149300　🕐 14～22時（週六、日為11時～）　休 無

➡羊肋排165元
很值得推薦

Kebabs on The Grille　　印度菜
Kebabs on The Grille MAP 別冊P3-C2

也有提供素食料理

由印度籍老闆經營的道地印度菜餐廳。窯烤坦都里烤雞180元等肉類料理的種類相當豐富，午間套餐有有48元和58元兩種。

data 住 中山南路505弄8號樓　📞 (021)
61526567　🕐 11～23時　休 無

➡印度串燒67元～

老码头壹号　　　　　上海菜
壹號會所 MAP 別冊P3-C2

在石庫門建築裡品嚐獨創料理

建於老碼頭中心處的石庫門建築餐廳。到2樓都呈挑高中庭的構造，可以在寬廣空間中品嚐以傳統上海菜為基礎的現代風格料理。

data 住 中山南路505弄1號樓　📞 (021)
61526549　🕐 10時30分～23時　休 無

➡使用大量海鮮製作料理

鼎苑　　　　　　　　中國菜
鼎苑 MAP 別冊P3-C2

在包廂內品嚐道地中國味

建於3號庫倉庫，提供上海、北京、廣東這三大美食，可以享用到請當地廚師大展手藝製作的道地滋味。由於只有15個包廂供客人用餐，事先預約比較保險。

data 住 外馬路601號3號庫3樓　📞 (021)
53088526　🕐 11～22時　休 無

➡以棗木柴燒烤的北京烤鴨

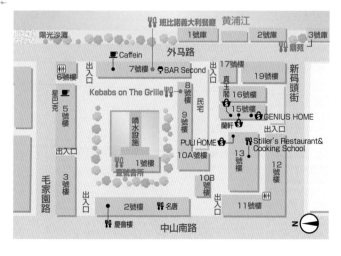

街道散步POINT

不只是主要道路衡山路，沿著與此路交錯的桃江路和東平路也有許多值得推薦的店家。由於區域狹小，用步行的就可逛完。

course A 初訪行程
course B 再訪行程
course C 講究行程
建議探訪時間 11~14時

租界建築與綠色行道樹
衡山路

遍布著租界時代建築的區域，有許多商店或餐廳改建自租界建築，好好逛逛吧！

Access ⓜ1號線衡山路步行3分　MAP 別冊P10-B4

Baker & Spice / 咖啡廳兼麵包店

Baker & Spice　MAP 別冊P10-B2

在以麵包為賣點的熟食店休憩

位於衡山路北側，面向安福路的咖啡廳兼麵包店。以上海派駐人員為中心博得人氣。鹹派35元、貝果9~11元等頗受好評。濃縮咖啡18元~或是卡布奇諾等飲品選擇也很豐富。

data 交ⓜ1、7號線常熟路站步行8分
住安福路195號
電(021)54042733
時6~22時　休無

→卡布奇諾25元~搭配蛋糕一起享用吧

←剛出爐的商品陳列在店裡

Lapis Lazuli / 青瓏工坊

青瓏工坊　MAP 別冊P10-B3　雜貨

陶器和古董等高級雜貨

改裝自蔣介石的別墅的雜貨店，商品以室內雜貨為主，還有古董等品項類別相當廣泛。2樓還附設餐廳，在購物途中順道來逛逛也不錯。

data 交ⓜ1號線衡山路站步行8分
住東平路9號　電(021)64743219
時11~23時　休無

→畫有精緻鳥與花朵圖樣的小容器299元

→店內也有販售高價商品，請小心選購

→有異國風情花紋的托盤1190元

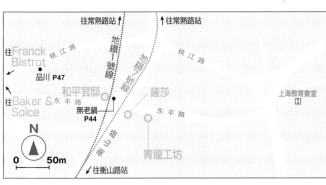

往常熟路站↑　↑往常熟路站
往Franck Bistrot
桃江路
地鐵1號線
品川 P47
往Baker & Spice
和平官邸　東平路
無老鍋 P44
薩莎
東平路
上海教育會堂 H
衡山路
青瓏工坊
N
0　50m
往衡山路站

History

衡山路周邊遍布著租界時代的歷史建築。有將舊時代建築作為居所的蔣介石故居、俄國詩人普希金的銅像等，也有人是為了這些景點來訪。

↑蔣介石故居（左）和普希金銅像（右）

Sasha's / 薩莎

薩莎　MAP P10-B3　鐵板料理

歷史悠久的洋房餐廳

餐廳原是因電影《宋家皇朝》而廣為人知的宋家成員：宋子文的故居，後來蔣介石夫婦與毛澤東夫人也曾居住在此。是一棟歷史悠久的洋房。為融合了東洋與西洋的空間。

data 交ⓜ1號線衡山路站步行10分　住東平路11號
電(021)64746628　時11時~翌日1時30分（週三、五、六為~翌日2時30分）
休無

→安格斯牛菲力牛排255元

建築的存在感，夜晚會點燈，更影顯

和平官邸

和平官邸　MAP 別冊P10-B3　現代上海菜

改裝自知識分子的宅邸

使用又有「老房子」之稱的老舊洋房經營的餐廳，為改裝自曾為政府要職居所的歷史性建築。

data 交ⓜ1號線衡山路站步行12分　住東平路16號
電(021)34605150
時11~14時、17~21時
休無

→手拆蟹粉炒河蝦仁358元

←也有利用洋房前院作為用餐的空間

Franck Bistrot

Franck Bistrot　MAP 別冊P10-A3　法國菜

氣氛友善的餐廳

讓人想到法國小酒館、氣氛很好的餐廳。風味道地的法國菜深受好評，是當地外國人時常光顧的人氣餐廳。洋酒種類也是上海數一數二的豐富。

data 交ⓜ10號線上海圖書館站步行5分　住武康路376號武康庭內　電(021)64376465
時18時~22時30分　休無

↑餐廳設於從道路再進去一點的武康庭

→火腿拼盤240元，放上大量自製鵝肝醬及生火腿等

→新鮮的法國產生蠔6個490元

來上海必吃的2大美食
小籠包&上海蟹

說到上海美食，這兩個都是絕不可錯過的上上之選。
街頭美食代表：小籠包，以及高級食材：上海蟹。
盡情享受在當地才能享用的深奧風味。

南京西路
MAP 別冊 P16-A2
佳家湯包
佳家汤包

受當地人喜愛的街頭名店
小小的店面相當低調，卻是以現包現蒸為準則製作的小籠包深受好評的名店。薄透彈牙的麵皮裡，包覆了滿滿的湯汁。小籠包共有3種，一籠23元～，如此平價也很令人開心。

←有許多人推崇為上海最美味的人氣店家

data 交M1、2、8號線人民廣場站步行5分 住黃河路90號 ☎(021)63276878 時7時30分～19時20分 休無

小籠包

蛋黃鮮肉湯包 23元
包有鹹鴨蛋黃，蛋黃的獨特風味襯托出餡的美味

蟹粉鮮肉湯包 30元
混合蟹黃與豬肉內餡，是該店的招牌菜。螃蟹的風味很濃郁

純蟹粉湯包 99元
薄皮包覆的內餡盡是上海蟹黃、蟹卵以及蟹腳肉，超級奢侈！

↓設於豫園商城中央的老字號店鋪

豫園
MAP 別冊 P7-D3
南翔饅頭店
南翔馒头店

開設於豫園的老字號店鋪
起源自小籠包的發源地：南翔鎮的知名店鋪。創立於1900年，店面設在豫園商城（→P26），1樓的外帶總是大排長龍。
data 交M10號線豫園站步行7分 住豫園路85號 ☎(021)63554206 時9～19時（外帶為10時～20時30分）休無

蟹黃小籠 55元
內餡混合了上海蟹以及豬絞肉，湯汁充滿了鮮甜濃醇的風味

新天地
↓俯瞰新天地的店內氣氛很明亮

MAP P34-A2
鼎泰豐
鼎泰丰

源自台灣、造成人龍的小吃店
展店至世界各地的台灣小籠包店。不光是味道，對食材的新鮮度也相當講究，親切的服務也相當受好評。以秘傳食譜製作的小籠包當然不用說，還有餃子和燒賣等小吃，單點菜色也很豐富。
data 交M1號線黃陂南路站步行8分 住興業路123弄新天地廣場南里6號2樓11A單元 ☎(021)63341008 時10～23時 休無

蝦肉燒賣 5個48元
富有彈性的口感令人欣喜的蝦肉燒賣也是人氣餐點

特色蟹粉小籠 5個58元
小籠包的內餡混入蟹黃、蟹肉，湯汁相當濃郁

上海蟹的食用方法講座

course A
初訪行程

course B
再訪行程

course C
嚴選行程

建議探訪時間
11~14時

1 拿掉臍蓋

拔掉螃蟹的手腳後將牠的身體翻過來,再由上往下剝除腹部的三角形臍蓋部分

2 剝開蟹殼

剝開蟹殼後,再去除左右兩側灰色輕薄的鰓部(蟹鰓)

3 食用蟹黃、蟹卵

品嘗裝滿蟹殼的蟹黃與蟹卵,有些店家會提供專用的湯匙或叉子

4 食用蟹肉

從中央將螃蟹的身體切對半,沾上黑醋品嘗。蟹腳與蟹螯也是以同樣的方法食用

南京東路
MAP 別冊 P17-D3

王寶和酒家
王宝和酒家

說到上海的螃蟹就是這裡

創業於1744年清代,如今在此地已有長達250年以上歷史,只要是上海人就一定知道的上海蟹名店。王寶和酒家在上海蟹主要產地:陽澄湖設有養殖場,一年四季都能提供上海蟹。9月下旬~2月左右的產季期間總是客滿,一定要事先預約。

←店內相當有正統派餐廳的感覺

data ⊗M1、2、8號線人民廣場站步行5分 🏠福州路603號 📞(021)63223673 🕐11~13時、17~21時 休無

特色河蟹粉 320元
炒熱蟹黃、蟹卵與蟹腳肉後,再擺成2隻螃蟹樣貌的料理(圖為2人份)

蟹粉燴豆腐 68元
加入滿滿蟹黃與蟹卵製成的燉豆腐,超下飯!

蟹黃明蝦卷 148元
用蟹黃拌炒明蝦而成的料理。蝦子的彈牙口感與螃蟹的濃郁鮮味互相交織

清水大閘蟹 時價
水煮上海蟹,先品嘗簡單料理的品項。上海蟹有以蒸煮方式以及水煮方式料理的店等

上海蟹

南京東路
MAP 別冊 P18-B3

成隆行蟹王府
成隆行蟹王府

在復古氛圍中大啖螃蟹

在陽澄湖及太湖的自家養殖場養大的新鮮螃蟹,以及種類豐富的螃蟹料理頗受好評的餐廳。在明清風格的復古店內,每天晚上還有傳統音樂演奏表演。包括前菜、上海蟹以及甜點共10道菜的全餐為388元~。

data ⊗M2、10號線南京東路站步行5分 🏠九江路216號 📞(021)63212010 🕐11~14時、17~22時 休無

←中央呈高挑構造的店內

清蒸大閘蟹 時價
整隻放進蒸籠蒸熟的上海蟹,趁熱享用蟹黃與蟹卵吧

蟹皇大排翅 498元
加入蟹黃燉煮而成的魚翅煲湯,魚翅的口感相當絕妙

↑位於南京東路後方

南京東路
MAP 別冊 P17-C1

新光酒家
新光酒家

名人愛光顧的隱藏名店

店面樸素又很有平民風格,其實是香港或中國的明星也會私下造訪的上海蟹名店。店主為當地的知名美食家方亮,扎實的風味相當受好評。可以享用到4道螃蟹料理與2種點心的全餐為1人420元~(3人以上方可提供)。

data ⊗M1、2、8號線人民廣場站步行5分 🏠天津路512號 📞(021)63223978 🕐11~14時、17~22時 休無

清炒蟹粉 380元
炒熟蟹肉、蟹黃、蟹卵而成的經典料理,淋上少許黑醋享用吧

秘製特色蟹 80元
紹興酒漬上海蟹,俗稱「醉蟹」,跟中國的酒相當搭。

吃得美味，吃得美麗！
美容系美食清單

閣步於上海街頭的中國美人們，
據說都是靠飲食來美肌。
快來品嘗在注重醫食同源的中國才能吃到的
有助於美容的美味料理。

這個有效！
羊肉從極品的霜降到各部位的肉都有，吃了身子會很暖和喔

中山公園　MAP 別冊 P2-B2

皇城根
皇城根

北京風的羊肉涮涮鍋

很受歡迎的羊肉涮涮鍋餐廳。以內蒙古產的羊肉片，在蝦乾、香菇熬煮的極清淡高湯湯頭涮過，再搭配特製的白芝麻醬＆香菜享用。除了羊肉外，還有牛肉、蔬菜、海鮮等豐富食材。

➡將葉菜類蔬菜與肉質豐厚的木耳盛裝在一起的「喜慶豐奴」35元

⬇捲起高品質羊肉片的「太腸卷羊肉」65元

⬅在寬廣的店內悠閒享受餐點吧

data 交Ⓜ2、3、4號線中山公園站步行10分 住宣化路300號華寧弘基生活中心4F ☎(021) 62771517 營11～22時 休無

⬇工藝景泰藍火鍋 28元（中）
使用中央有根煙囪的七寶燒鍋子，湯透明又極為清淡

火鍋

⬇中國風的古典店內

衡山路周邊　MAP 別冊 P10-B3

無老鍋
無老锅

這個有效！
藥膳鍋對於滋養強壯、增進健康的效果相當優越。一定要來嘗嘗加入創意在其中的火鍋！

食材豐富的獨特火鍋

以中國自古以來的「養生」概念打造的藥膳鍋餐廳。最推薦的是帶有冰淇林口感的冰淇淋豆腐鍋，鴛鴦鍋則組合了冰淇淋豆腐鍋與無老辣香鍋。

data 交Ⓜ1號線衡山路站步行10分 住衡山路2號 ☎(021)54561489 營11時～翌2時 休無

⬇鴛鴦鍋 198元
冰淇淋豆腐鍋（右）與無老香辣鍋（左）。單點各168元

衡山路周邊　MAP 別冊 P2-B3

海底撈火鍋
海底捞火锅

⬇也設有免費的兒童遊戲區

周到的待客服務令人感動

大排長龍的火鍋店，在等待的時間，美甲、擦鞋、使用電腦等服務皆免費。邊跳舞邊在眼前甩麵的功夫麵8元也是這裡的知名美食。

data 交Ⓜ1、9、11號線徐家匯站步行3分 住華山路2068號南聯徐匯商業廣場南5F ☎(021)64188837 營10時30分～翌3時 休無

⬇番茄火鍋（鴛鴦）84元
提供8～9種湯頭，照片為四川麻辣湯頭與番茄湯頭

這個有效！
肉漿丸子套餐「丸滑組合」26元（半量）等食材可以少量點菜，吃了可以暖身體

044

有美容效果！的食材清單

菇類	番茄	羊肉	辣椒

不但低卡，還富含食物纖維和礦物質，也有提高代謝醣類和脂質的效果	富含具抗氧化效果的茄紅素，還能抑制美肌的大敵：黑色素	含有許多能有效恢復疲勞的維他命B1，以及可以燃燒體內脂肪的成分：左旋肉鹼	辣椒內含豐富的辣椒素，有燃燒脂肪、促進排汗及消化等效果

course A 初訪行程
course B 再訪行程
course C 講究行程
建議探訪時間 18~21時

靜安寺　MAP 別冊 P4-B4

家全七福
家全七福

享受極盡奢華的美食

為香港的名門廣東菜餐廳：福臨門所開設的店，並於2016年獲得米其林1星評價。店內充滿高級感，氣氛高雅而沉穩。由在世界級的福臨門展現手藝近20年的主廚製作的每道美食，讓口味挑剔的上海美食家也不禁讚賞。午間有提供點心36元～，能以實惠價格享用飲茶。

這個有效！
魚翅的膠原蛋白與高蛋白質的鮑魚，讓你從體內開始變美麗

紅燒頂群翅 960元
將最上等的背鰭撕成一根一根的棉絲狀，口感富有彈性又低熱量，還含有豐富的膠原蛋白

◀一邊接受一流的服務一邊享受極致幸福的時光

蠔皇鮑魚 時價
23頭鮑。價格會隨季節與大小變動，基準為150g1180元

data 🚇M2、7號線靜安寺站步行3分 🏠南京西路1515號靜安嘉里中心一期2F E2-03室 📞(021) 62663969 🕐11時～14時30分（週六、日為～15時），17～22時 休無

魚翅 & 鮑魚

南京西路　MAP 別冊 P14-B3

魚翅撈飯
鱼翅捞饭

盡情享用名產魚翅撈飯

有古董風家具裝飾的高雅餐廳，招牌菜為將魚翅湯淋在飯上的魚翅撈飯，根據等級不同價格有差異。

特級海虎翅 698元
使用最高級的魚翅「海虎翅」做成的魚翅撈飯

➡店內氣氛也可圈可點的餐廳

這個有效！
長時間熬煮而成的湯裡融入了大量的膠原蛋白

data 🚇M2、12、13號線南京西路站步行5分 🏠南京西路1168號 中信泰富廣場5F 📞(021)52928588 🕐11時～21時30分 休無

蟹粉魚翅 300元
魚翅上放了滿滿的蟹黃，美容效果也值得期待

衡山路周邊　MAP 別冊 P10-B4

名軒
名轩

在優雅的洋房中享用晚餐

使用建於1936年的西班牙式洋房作為店面，由香港的主廚掌廚，提供魚翅、鮑魚、燕窩等高級食材製成的高尚廣東菜。附魚翅湯的全餐為488元～。

data 🚇M1號線衡山路站步行5分 🏠衡山路46號安亭別墅1號樓 📞(021) 64333666 🕐11～14時，17時～21時30分 休無

這個有效！
鮑魚為高蛋白質、低熱量的食材，也含有豐富的膠原蛋白喔

◀氣氛優雅又明亮的店內

味道跟氣氛都無可挑剔
時尚系
美食餐廳

從充滿租界歷史色彩的洋房餐廳，
到可俯瞰浦東的摩天大樓的西洋餐廳，
編輯部在此嚴選5家店介紹給各位。

➡ 簡約古典中又有嶄新設計的時尚
餐廳區
➡ 以紅色為基調的酒吧

外灘
MAP 別冊
P7-C1

艾利爵士餐廳
SIR ELLY'S／艾利爵士餐厅
美景／現代風歐式料理

**榮獲米其林一星評的
現代風歐式料理**

為設有餐廳區、酒吧空間等能用於
各種場合的飯店附設餐廳。屋頂的
露台座位到24時皆可作為酒吧使
用，是可以一覽浦東與外灘美景的
景點。早午餐餐點為398元～，晚
餐的全餐為800元～。

➡ 早午餐菜色
的其中一例。海
鮮拼盤seafood
platter（上）與
半島招牌甜點
assortment of
desserts（下）
➡ 從露台眺望的
景色相當壯觀

data 🚇 M2、10號線南京東路站步行10分 🏨 上
海半島飯店（→P95）13F 📞（021）23276535
🕐 12時～14時30分、18時～22時30分 🚫 無

重點在這裡！
紅色裝潢的餐廳區等為了讓旅客從
任何角度都能看到景色，面向浦東
那側為玻璃牆設計，可以欣賞到浦
東與外灘的夜景。

重點在這裡！
在巴塞隆納傳承的家常味特徵
為使用了大量海鮮製作，晚上
品嘗西班牙小菜配紅酒與浦東
夜景是最棒的了。

⬆ 放上莓果類的酸甜檸檬
慕斯65元

外灘
MAP 別冊
P7-D3

El Willy
El Willy
洋房／西班牙菜

**歐美顧客絡繹不絕
蔚為話題的西班牙菜**

原本位於法租界的西班牙菜
餐廳，搬到外灘的洋房建築
重新開張。主廚為來自巴塞
隆納的El・Willy先生。塔帕
斯（西班牙小菜）28種與西
班牙海鮮燉飯268元～（2人
份）等餐點味道都很道地，
深受好評。想坐窗邊位置的
話建議事先預約。

data 🚇 M10號線豫園站步行15分
🏨 中山東二路22號5F 📞（021）
54045757 🕐 11時30分～14時
30分（週六、日為～15時）、18
時～22時30分 🚫 無

外灘南邊的南外灘22號大廈的
中庭。餐廳就位於這裡的5樓1樓的
等各種西班牙烘蛋58元、干貝酪梨醬
85元等各種西班牙小菜

course A
初訪行程

course B
再訪行程

course C
講究行程

建議探訪時間
18〜21時

浦東

MAP 別冊 P8-A2

翡翠36餐廳
Jade on 36／翡翠36餐厅

優雅的用餐空間

位於H浦東香格里拉最頂層的餐廳。一如餐廳名稱，店內四處都有別出心裁的翡翠綠設計，令人印象深刻。提供之菜色為以法國菜為基底的獨創西式餐點，也有附設酒吧。

美景／法國菜

↑視野之好在浦東也是首屈一指

↑擺盤精美的料理齊聚一堂

↓常備50種左右的酒品

data 交M2號線陸家嘴站步行7分 H浦東香格里拉大酒店（→P94）36F ☎(021) 68828888 時11時30分〜13時30分（週日為〜15時）、17〜22時 休無

重點在這裡！ 從法國各地以及全世界產地匯集而來的洋酒品項連洋酒通都覺得心滿意足。侍酒師會為顧客介紹合適的洋酒。

衡山路周邊

MAP 別冊 P10-B3

品川
品川

→將法租界的老舊洋房作為店面

→隨處可見紅色的裝潢

洋館／四川菜

位於舊法租界的優雅餐廳

佇立於各國領事館集中區域，相當時髦的獨棟餐廳。邀請來自四川省的廚師掌廚，提供保留當地滋味，卻又符合上海人或外國人口味的美味料理。使用海鮮食材製作的獨創四川菜也頗受好評。

data 交M1、7號線常熟路站步行10分 住桃江路47號 ☎(021)64379361 時11〜14時、17〜22時 休無

重點在這裡！ 雖然位於有許多外國人的寧靜法租界，從掛著紅燈籠的外觀看來，跟古早美好的老上海氣氛也得以兩立。

↑滾石肥牛148元。在放入熱石頭的油鍋裡過油後，牛肉口感相當軟嫩

南京西路

MAP 別冊 P2-B2

福一零三九
福一零三九

洋館／上海菜

古典的庭園餐廳

為1913年，由法籍銀行總裁作為自家宅邸所興建的附庭園3層樓洋房。充滿昔日榮華的優雅空間裡配置著古董家具，可以在古典的氛圍中享用美食。菜色為以傳統為根基的正統上海菜。

data 交M2、11號線江蘇路站步行3分 住愚園路1039號 ☎(021) 52371878 時11〜14時、17時30分〜22時 休無

↑前面有美麗庭園的優雅洋房

→店內高雅地配置古董家具

重點在這裡！ 天花板的燈飾及其周圍的中國風圖樣等細節，都保留著20世紀初落成時的樣貌

↑使用上海蟹料理的前菜：蟹味三品88元等

無論早、中、晚都可享用

便宜好吃♪小吃清單

在覺得肚子有點小餓的時候，
或是想簡單解決一餐時最方便的，
就是簡易的街頭美食：小吃。
快來找找當地人愛不釋手的知名小吃吧！

經典

麵粉、主食類

鮮汁肉包 1.8元
鮮汁肉包
鬆軟的皮與有點甜味的豬絞肉餡很搭，是一定要吃的肉包

香菇菜包 1.5元
香菇菜包
用麵皮包住切碎的青菜和香菇、豆干的健康菜包

鮮肉湯團 3元（1個）
鮮肉汤团
個頭大的白湯圓中包著豬絞肉餡，是個有點令人意外的組合

大餅卷肉 14元
大饼卷肉
用可麗餅狀的皮捲起牛肉薄片和小黃瓜的中國北方小吃

菜肉大餛飩 11元
菜肉大馄饨
青菜與豬肉餡的餛飩湯

人氣

小楊生煎 8元（6個）
小杨生煎
焦香的皮包裹著豬絞肉餡及滿滿湯汁的生煎小籠包

牛肉餡餅 10元
牛肉馅饼
一咬下去就爆漿的牛肉烤餽頭，有點香辣風味相當美味

三絲春卷 10元
三丝春卷
包進白菜、香菇、豬絞肉的春捲。皮脆而不油膩

經典

A 南京西路

MAP 別冊 P16-A2

小楊生煎
小杨生煎

大排長龍的生煎小籠包店
曾經在小吃攤街：吳江路紅極一時的生煎（生煎小籠包）名店，即使現在有了許多分店，依然深受人們喜愛。

data 地M1、2、8號線人民廣場站步行5分 住黃河路97號 電(021)53751793 時6時30分〜20時 休無

B 虹口周邊

MAP 別冊 P3-C1

巴比饅頭
巴比馒头

輕鬆地大口品嚐中式包子
專售中式包子的小攤販。開張時曾形成很長的人龍。但現在已穩定下來駐足街頭。中式包子有9種，各為1.5元〜。

data 地M8號線中光路站步行10分 住永興路129號 電15221642032 時6〜18時 休無

C 人民廣場

MAP 別冊 P6-B3

鮮得來
鲜得来

享受小吃與排骨年糕
創業於1921年的老店。最有名的是排骨年糕，為炸豬肉搭配年糕的小吃，共7種套餐，E套餐中可以品嚐到的排油拌麵也很值得推薦。

data 地M8號線大世界站步行2分 住雲南南路46號 電(021)63261284 時10〜19時 休無

在早餐店品嚐當地早餐

中國人都起得早,早餐的小吃店在天剛亮就開始營業。由於最近管制攤販營業,所以早餐攤販越來越少,但在街頭偶爾還是有可能會看到有在營業的店家。

➡早餐的經典美食:蔥油拌麵淋上辛辣豆腐餡

➡飄散著蔥香的蔥油餅,攤販售價為4元

➡人氣早餐餛飩湯8元

的多見店上最近攤販越早的賣越完。來即有越止許少

course A
初訪行程

course B
再訪行程

course C
講究行程

建議探訪時間
7～17時

麵

黃魚麵 25元
黃魚面 F
放上爽口的白肉魚「白姑魚」切片的最暢銷麵品經典

經典

大腸麵 25元
大肠面 F
放上經細火慢燉的豬大腸的麵。大腸沒有腥臭味,口感軟嫩

紅燒牛肉刀削麵 35元
红烧牛肉刀削面 D
台灣名產牛肉麵。使用較粗的刀削麵製作,口感彈牙

人氣

爆鱔麵 30元
爆鳝面 F
豪邁地放上用油炸得酥脆的鱔魚

湯

人氣

油豆腐牛肉粉絲湯 12元
油豆腐牛肉粉丝汤 A
加入油豆腐、牛肉、冬粉的咖哩風味湯,是很受歡迎的副餐選擇

貢丸湯 16元
贡丸汤 D
有放Q彈的豬肉丸子的湯,口味清爽

清燉牛肉湯 28元
清纯牛肉汤 D
以牛骨和牛肉熬製的高湯調配而成的湯品,濃縮了肉的鮮味

D 滿東
MAP 別冊 P8-B2

楚楚園餡餅粥
楚楚园馅饼粥

充滿了台灣味的超好吃小吃

台灣味小吃餐廳,提供台灣風味的牛肉麵及甜點等,餐點相當豐富。

data 交M2號線陸家嘴站步行10分
住上海環球金融中心(SWFC)(→P20)地下2F美食廣場內 ☎ (021) 50159665
時7～20時(週六、日為10～19時) 休無

E 淮海中路
MAP 別冊 P12-B2

盛興點心店
盛兴点心店

懷舊餛飩店

提供的菜色只有餛飩、湯圓、粽子的當地小店。餛飩可以選擇大顆或是小顆。餛飩湯有3種,各為6元～。

data 交M9、10號線馬當路站步行8分
住順昌路528號 ☎ (021) 53067325
時6～17時 休無

F 淮海中路
MAP 別冊 P21-D3

阿娘麵
阿娘面

客人絡繹不絕的超人氣店家

從前由阿娘婆婆張羅的超人氣店家。現在由孫子繼承家業後,仍然保留以醬油類湯頭及多樣食材創造出的美味。

data 交M1、10、12號線陝西南路站步行5分 住思南路36號 ☎ (021) 53066604
時11～20時 休無

想要悠閒度過，就來復古茶館

↓在豫園中條件也算最好的地點，是有悠久歷史的茶館。隔著池塘，正面就是整片的豫園庭園

咕咚咕咚……倒入熱水的聲音、冉冉升起的蒸氣以及中國茶的芳香。
在匆忙的旅途中，要不要偶爾也停下腳步，度過一段溫和平靜的時光呢？

豫園周邊
MAP 別冊 P7-D3

湖心亭
湖心亭

←從2樓窗邊可以看到充滿風情的街景
↓炒熟蠶豆而成的庶民點心；五香豆10元

清代人曾在此休憩的歷史性茶館

創業於1855年，是上海最古老的茶館。茶館佇立於曲折成鋸齒狀的九曲橋途中、綠波池的中央，屋頂彎曲又富有風情的建築內裝飾有寬廣的桌子，從客座可以一覽周遭的景致。1樓與2樓的菜單與價位皆不相同，敬請留意。

data 図M10號線豫園站步行10分
住 豫園路257號 ☎ (021) 63736950
營 8時30分〜21時 (週五、六為〜22時)
休無

碧螺春 78元〜
狀似螺的茶葉相當有特色。是清爽又順口的綠茶

徐家匯周邊
MAP 別冊 P2-B3

禪約茶館
禅约茶馆

武夷名叢 60元
香味芬芳又甘甜，口感清爽

在道地茶館小憩一會兒

由於店面明亮整潔、店員態度親切，早已躍升為上海人氣茶館。正山小種紅茶、普洱茶、武夷岩茶、福鼎白茶相當受歡迎。除了有販售茶器，也可以請店家指導香道等技藝。

↓展示精湛的茶藝

data 図M1、9、11號線徐匯站步行10分 住天鑰橋路133號永新坊15-16
☎15000990269
營10〜22時 休無

↓也有販售2000〜20000元的茶器。照片中的「傳世歌窯」為非賣品

豫園周邊
MAP 別冊 P7-D4

相爺府茶樓
相爷府茶楼

安吉白茶1壺 168元
充滿香氣的浙江省上等茶

豫園區域中如世外桃源的茶館

位於豫園商城南側大樓內的茶館兼上海菜餐廳，一踏進去，以明清代為概念設計的復古空間就印入眼簾。販售武夷山大紅包一壺168元。

↓在古董氛圍的空間內也可欣賞茶藝師展現茶藝

data 図豫園入口步行5分
住方濱中路235號豫安閣4F
☎ (021) 58777797
營10〜22時 休無

↓週六、日的14時30分〜16時30分有傳統音樂演奏表演

course A
初訪行程

course B
再訪行程

course C
嚴選行程

建議探訪時間
10～15時

全部都想品嘗！
極品中式甜點

隨著來自香港與台灣的知名店家陸續開幕，
上海的甜點風貌千變萬化。
絕對不可錯過使用南國水果或刨冰製作而成的
中式甜點！

芒果冰沙 58元
芒果冰沙 ⒜

在滿滿的芒果醬上，毫不吝惜地放上成熟
的芒果果肉的刨冰。限定於有芒果出產的
春天～秋天販售。

鮮芋仙招牌 25元
鮮芋仙招牌 ⒞

微苦的仙草凍甜點。配料有芋圓與地瓜
圓，並有加刨冰。也可做成熱的。

芒果糯米 38元(3個)
芒果糯米 ⒝

表面鋪滿椰子的糯米糰子裡包著芒果餡，
觸感輕柔，有高雅的甜味。

芋圓4號 23元
芋圓4号 ⒞

放上紅豆、芋頭、黑珍珠的刨冰，有放入圓
滾滾的紫色芋頭，熱著吃也好吃。

楊枝金撈 32元
杨枝金捞 ⒝

芒果與椰奶、柑橘類水果柚子三者合而為一
的香港風味甜點。珍珠的口感相當絕妙。

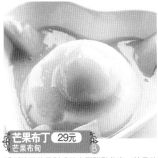

芒果布丁 29元
芒果布甸 ⒝

說到使用芒果製成的南國甜點代表，就是芒
果布丁。從配料到醬汁皆奢侈地使用芒果製
作。

Ⓐ
新天地
周邊

MAP 別冊
P6-B4

鹿港小鎮
鹿港小鎮

以冰涼甜點為傲

配料有珍珠或芋圓等的刨冰或甜點
相當受歡迎的餐廳兼咖啡廳。就位
於新天地附近，
方便在觀光途中
來訪。

data 交Ⓜ1號線黃陂南路站步行5分
住太倉路68號 ☎(021) 63865701
營11時～翌日3時 休無

Ⓑ
浦東

MAP 別冊
P8-A1

許留山
許留山

景色或味道都是極品的甜點店

香港味甜點人氣店，提供種類豐富
的南國水果餐點。位於浦東的10層
樓購物中心「正大
廣場」內，相當便
利。

data 交Ⓜ2號線陸家嘴站步行2分 住正大廣場
(→P88)東區地下2F ☎(021) 50471977
營10～22時 休無

Ⓒ
南京西路
周邊

MAP 別冊
P15-C2

鮮芋仙
鮮芋仙

相當美味的健康甜點

使用仙草凍或芋圓等製作的台灣傳
統甜點專賣店。手工製作的芋圓彈
力十足，是口感
令人愛不釋手的
珍品。

data 交Ⓜ2、12、13號線南京西路站步行即
到 住吳江路269號湟普江1F103 ☎(021)
61939275 營10～22時 休無

充滿中國風又可愛
將適合女孩的商品
一網打盡

有些復古，配色又鮮豔。
細緻絲綢上刺上美麗的
刺繡……等，上海的雜貨商品
充滿了刺激少女心的細節，
光是看著也忍不住沉醉其中。

中國風（Chinoiserie）是什麼？
源自於「中國風情」的法文，
泛指以西方人的眼光設計的中
國風室內裝飾與建築、
雜貨等。

←鳥籠刺繡化
妝包150元。
刺繡末端還有
掛一顆小球**A**

→景德鎮圖
樣主題手帕
90元**A**

←絲質刺繡
抱枕套（枕心
另售）480元
A

←點綴著上海灘
的經典設計「祥
雲」圖樣的手提包
4100元**B**

←中國風花樣
的iPhone手機
殼400元**B**

←設計有東方
明珠圖案的智
慧型手機套90
元**A**

←使用蘇州
絲綢及皮革鞋
底製作的拖鞋
880元**C**

←有刺繡圖
樣的竹製提把
手提包650元
C

←198×29cm
的雙面兩穿披
肩320元**C**

A

外灘　MAP 別冊 P19-D4

Annabel Lee／安梨家居
安梨家居

備齊高品質的絲質刺繡製品
光線自大大的圓拱窗灑進寬廣的商
店，使用中國自古傳承下來的手工
技法，細心製作出
每件商品。

data　M2、10號線南京東路站步行12分
中山東一路8弄1號　(021)64458218
10～20時　休無

B

淮海中路　MAP 別冊 P20-B3

上海灘
上海灘

以最高品質為傲的雜貨齊聚一堂
販售以1930年代古早又美好的上海
為概念設計的服飾及小物品、室內
雜貨等各類商品。店內有1～3樓，
陽光自大窗戶灑入。商品種類也相
當豐富，可以實際
體驗手工製作的美
好。

data →P38

C

外灘　MAP 別冊 P19-D4

Suzhou Cobblers
Suzhou Cobblers

手工製作的優質商品
讓人想到巴黎公寓的洋房小店。五
顏六色的絲質繡花鞋以及使用獨創
布料製作的雜貨相
當精美。

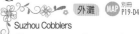

data　M2、10號線南京東路站步行12分
福州路17號101室　(021)63217087
10時～18時30分　休無

course A
初訪行程

course B
再訪行程

course C
深究行程

建議探訪時間
10～18時

也有這種商品！ 溫馨療癒的樸素「農民畫」

以七彩配色與樸素筆觸描繪農民生活的「農民畫」，在上海近郊金山繪製的畫更是其代表。

↓農民畫杯墊每個8元，圖樣有60種以上

↑方便攜帶回家、尺寸較小的帶框農民畫相當受歡迎。220元（15×15cm）

淮海中路 MAP 別冊 P21-D3
D. Art Gallery

D. Art Gallery

佇立於法租界住宅區的小藝廊商店，售有從金山等中國各地蒐集來的農民畫，還有種類豐富的獨創小物雜貨。

data 🚇M13號線淮海中路站步行5分
🏠南昌路63號 📞(021) 63854401
🕐10～18時 休無

←圓鼓鼓的形狀相當可愛的棉麻製包550元D

←海軍藍鑲邊有畫龍點睛效果得絲巾780元，平滑的觸感也很有魅力D

↓花瓣形狀設計的手工項鍊480元。由於是棉質飾品，不會傷到皮膚D

←有繽紛圖樣的沐浴乳按壓瓶188元E

←以現代風格描繪花與蝶傳統圖樣的馬克杯118元E

←以古早上海的招牌為主題的深盤198元E

←相當便利的90×90cm絲質絲巾1280元F

←外盒也相當復古時尚的香皂220元F

←裝飾有流蘇的瓶子相當優雅的「夜上海香水」890元F

D

上海市北部 MAP 別冊 P2-B2

Caramel

CARAMEL BY OSHADAI

有品味的小物相當齊全

雜貨與首飾相當受歡迎的品牌：OSHADAI所開設的藝廊咖啡廳。店內以白色為基調，陳列著由老闆精選充滿品味的雜貨。咖啡廳的餐點以甜點為主，菜色相當豐富。

data →P87

E

新天地 MAP P34-B2

Zen Lifestore／钲艺廊

鉦藝廊

圖樣柔美的器皿們

以中國的花鳥風月為主題設計的器皿相當有人氣。除了餐具外，還有臥香座、花瓶等室內擺設製品及首飾等，品項相當豐富。

data 🚇M1號線黃陂南路站步行7分
🏠興業路123弄2號 📞(021)53822070
🕐10～22時 休無

F

田子坊 MAP P30-B2

Shanghai Vive／雙妹

雙妹

上海女孩嚮往的品牌

誕生於1898年，並於1930年代在上海紅極一時的美妝品牌再度發行。不只是包裝復古的美妝品，雜貨也相當出眾，絕不可錯過。

data 🚇M9號線打浦站步行2分
🏠泰康路210弄3號 📞(021)64159901
🕐10～22時 休無

在批發市場、百貨公司、超市皆可買到

物美價廉★
適合分送的伴手禮

在旅行時，都會很煩惱要帶什麼伴手禮回去給職場的同事、朋友。
雖然想買很多，但又想壓低預算，買有上海風格的伴手禮！
在此為大家精選並介紹這種時候最可靠的商店與商品。

➡可以用來吊在車內、裝飾室內、點綴包包的吊飾（3個）15元

中國雜貨

想以實惠價格買到可愛的雜貨小物，那就要到當地人聚集的批發市場。集中在豫園附近的福佑路周邊的市場，是便宜可愛雜貨的寶庫！

⬅有點復古又時髦的懷錶10元

⬆印有年輕時代毛澤東照片的撲克牌10元

➡不斷出現忍不住買下去的人的磁鐵10元

⬇附吸盤的貓熊布偶10元

➡掛在行李箱上讓它陪伴你旅行。行李箱吊牌10元

試過就得到！

豫園周邊　MAP 別冊 P7-D3

福佑商廈
福佑商廈

擠滿小批發商店的大廈
從適合當伴手禮的實惠工藝品、生活用品、到中國的祝賀用品等，充滿販售各式各樣商品的專賣店，一定要記得殺價。

data 交 M10號線豫園站步行5分
住 福佑路225號　☎ (021) 63281805
時 8～18時　休 無

⬇繡有花圖樣的繡花提包15元

course A
初訪行程

course B
再訪行程

course C
講究行程

建議探訪時間
10～17時

\說到中國就會想到！/
果然還是會想入手的熊貓商品★

來到中國，就想被可愛的熊貓雜貨團團圍住☆
其實在上海，就有能滿足這種少女心的專賣店！

←布偶100～200元，
換裝配件30～100元

→附磁鐵的開罐器22元，
有很多種圖案

↑資料夾1元。
價格實惠，也很適合買回國分送給親朋好友

衛山路周邊　MAP 別冊 P10-A4

Kitsch China
Kitsch China

由居住在上海的日本插畫家經營，販售原創熊貓商品的商店。融合豫園或外灘等觀光名勝、小籠包與熊貓的設計相當可愛。

data 交 M10號線交通大學站步行3分　住淮海中路1984弄21號　電(021)62243390　時11～18時　休無

←有屹立不搖人氣的牛奶糖「大白兔奶糖」7.8元（114g）

↓中式杏仁餅乾「杏仁酥餅」5.6元

食品

分送給親朋好友的王道選擇就在這裡。從懷舊包裝的中國零食，到喜歡做菜的人收到會很開心的調味料等，日本製造商專為外國設計的商品也值得一看☆

←北京烤鴨口味的百力滋（6盒裝）55.5元
↓辛辣蝦味的百力滋4元

→大家最熟悉的出前一丁每包5.8元

←味好美推出的調味料。麻婆豆腐3元（左）、酸辣湯2.8元（右）

→很常用來製作上海菜的八角7.8元

中山公園　MAP 別冊 P2-B2

Carrefour／家乐福
家樂福

來自法國的人氣超市

位在大型購物中心：龍之夢購物中心地下1～2樓，相當方便前來。從食品到日用品等民生用品都一應俱全。

data 交 M2、3、4號線中山公園站步行即到　住長寧路1018號龍之夢購物中心地下1～2F　電(021)36395701　時7時30分～22時30分　休無

←相當適合加進熱炒料理的上海風味甜味噌4.5元

→將甘蔗與海底椰混合在一起而成的竹蔗甘筍海底椰6.9元

←混合各種中藥製成的「王老吉」涼茶4.5元

↓從以前就很受歡迎的檸檬茶4.8元（500ml）

南京西路　MAP 別冊 P4-B4

久光百貨
久光百貨

也有日系品牌的高級百貨公司

香港SOGO體系的高級百貨公司，販售高品質食材的地下樓層簡直就像百貨公司地下美食街。從本土商品到進口品項都買得到。

data 交 M2、7號線靜安寺站步行即到　住南京西路1618號電(021)32174838　時10～22時　休無

治癒旅途的疲勞
舒適的
SPA & 按摩

從適合讓疲勞的腳休息一下的按摩服務，
到彷彿來到亞洲度假勝地的豪華SPA，
讓人想續攤的豐富美容療程真是令人等不及了。

飯店內沙龍　南京西路　MAP 別冊P4-B4

Anantara Spa／安纳塔拉水疗
安納塔拉水療

以排毒為特長
設計飯店內的SPA

不只有中式，還有將泰國、瑞典、印度自古傳承的傳統療法結合最新技術，實施各種按摩療法。其中使用茶葉施展的療程更有排毒的功效，因此相當受歡迎。

data 図M2、7號線靜安寺站步行1分
住常德路1號璞麗酒店3F （021）
32039999 時10～22時 休無

MENU
●綠茶護理…120分／1700元
（平日為1550元）
使用從綠茶抽取的抗氧化成分，以無微不至的施術方式促進排毒效果。
●安納塔拉按摩…90分／1400元
（平日為1280元）
融合中式經絡按摩、日式指壓等數種不同按摩療法來施術。

❶也有單人用的美容室，就算一個人前來也能安心 ❷還有用到玫瑰花瓣的療程 ❸也設有按摩房 ❹一出地鐵站即到，地點相當便利 ❺大量使用柚木材打造而成的沉靜美容室

浦東　MAP 別冊P8-A2

Chi Spa／气Spa
氣Spa

沉浸在來自遙遠
喜馬拉雅山的絕技

在這個SPA沙龍中，可以享受融合中國的陰陽五行說，以及在喜馬拉雅山傳承至今的療癒哲學的獨創療法。除了傳統按摩，還提供運用水療與蒸氣浴的豐富療程。

data 図M2號線陸家嘴站步行7分 住浦東香格里拉大酒店（→P94）2座6F （021）51017070 時10～24時 休無
※需預約

❶設有按摩池的豪華包廂，採西藏風的溫馨設計 ❷熟練的治療師施展的手藝讓人彷彿沉醉在夢中 ❸諮商室也相當寬敞

MENU
●Refresh Foot Massage……
686元／45分
正確指壓腳底穴道以促進血液循環並放鬆身心。
●Healing Stone Massage……
1618元／90分
以加熱過的石頭與芳香精油的效果，讓你進入深沉放鬆的狀態。

飯店內沙龍　南京西路　MAP 別冊P14-A4

Urban Retreat／青籟水疗
青籟水療

都會氛圍的SPA

位於也有H上海波思特曼麗思爾頓酒店（→P96）入駐其中的上海商城內，充滿高級氛圍。除了有青籟按摩等獨創按摩，放鬆效果超群的夏威夷式按摩等療程也相當豐富。

data 図M2、7號線靜安寺站步行7分 住南京西路1376號H上海波思特曼麗思爾頓酒店（→P96）6、7F （021）62897778 時10～24時 休無 ※需預約

MENU
●青籟按摩…60分／580元
使用特選名牌精油按摩頸、肩和背部。
●lomi lomi按摩…60分／580元
以柔和的手部動作放鬆頸、肩、背部的夏威夷式按摩。

❶每個房間的擺設都不一樣 ❷適度的力道讓人忍不住打起盹來 ❸共有3間包廂，也有提供情侶專用房

飯店內沙龍
外灘 MAP 別冊P19-D2

Willow Stream Spa／蔚柳溪

蔚柳溪

成熟風格的沉穩SPA

提供多樣療程、也有在新加坡等國外展店的和平飯店附設高級SPA。除了提供加入天然植物性香草成分的護理外，也可以享受到消除疲勞、抗老化護理等療程。

data 交M2、10號線南京東路站步行5分 住和平飯店（→P95）1F ☎(021) 61386818 時10～23時 休無 預

course A
初訪行程

course B
再訪行程

course C
研究行程

建議探訪時間
20～22時

MENU
●Find Your Energy Massage……
1180元/90分
結合東方與西方傳統按摩技術，紓解身體的壓力與緊繃。
●Deep Moisturising……
1480元/120分
從全身按摩到指甲護理、足部護理及按摩都有包含在療程中，非常適合旅人。

①在全11間包廂中有2間可供情侶使用。館內也設有豐富多樣的放鬆休息區，甚至還有光線會照射進來的私人游泳池 ②館內設計高雅又沉穩的，曾獲得多項大獎

飯店內沙龍
外灘 MAP 別冊P3-C2

Yuan Spa／源Spa

源Spa

沉浸在高雅空間中
享受名流般的氣氛

以水源為主題並採預約制的私人SPA。基於五行等東方醫學、使用多種香草成分的療程能使身心都獲得療癒。在中國才能體驗到的熱石按摩也很受歡迎。

data 交M10號線天潼路站步行15分 住上海外灘茂悅大酒店（→P95）地下1F ☎(021) 63931234（內線6527）時10～23時 休無 預

MENU
●源混合按摩…1180元/90分
以蘘荷以及薄荷、番紅花等中國自古使用的香草按摩。
●源按摩…780元/60分
使用熱毛巾與玉石棒來進行全身按摩，也有以中國傳統的中醫療法運用指壓來排毒。

①在沉穩色調的療癒空間中，也有適度照進自然光，讓人可以放鬆 ②除了理療室，也有附設游泳池與三溫暖

飯店內沙龍
外灘 MAP 別冊P7-C1

The Peninsula Spa by ESPA／半島水療中心

半島水療中心

用肌膚體驗ESPA的天然產品

使用天然素材製造的產品，在全世界獲得好評的英國SPA品牌：ESPA的商品。在古典風格裝潢的空間裡，有7間理療室及2間大套房，可以在此享受到組合中國自古以來的療法或按摩，只有上海ESPA才可體驗到的療程。半日～1日方案也很有人氣。

data 交M2、10號線南京東路站步行10分 住上海半島飯店（→P95）3F ☎(021)23276599 時11～24時（週六、日為10時～）休無 預

①諮商用的休息室 ②可供情侶使用的私人大套房，也設有雙人用的水療浴缸及蒸氣浴室 ③SPA接待櫃檯有經驗豐富的服務人員為旅客服務

MENU
●竹韻和諧…1700元/110分
使用自古象徵長壽的竹子按摩。為可以促進氣的循環，舒緩僵硬肌肉的傳統療法。
●L精油按摩…1180元/80分
交互使用溫熱石頭與冰冷石頭來按摩的古西藏技法。

靠漢方的威力變美麗
挑戰中國美妝品！

漢方美妝品近年來也搭上崇尚自然的潮流。一定要來看看清朝道光皇帝的王妃也愛用的老字號品牌！

➡也可做為除臭劑使用的粉香水25～28元

➡使用桂花精油製作的護髮油38元

南京東路 **MAP** 別冊P17-D1

謝馥春

謝馥春

創業於1830年，來自揚州的化粧品牌。使用天然成分製造的化粧品項有以古早工法製成的蜜粉78元、腮紅40元、護髮油38元等。

data 🚇M2、10號線南京東路站步行6分　🏠福建中路360號　📞(021) 63525823　🕙9時30分～21時30分　休無　P

感覺相當寬闊

浦東 **MAP** 別冊P8-B2

Green Massage／青籟養身

青籟養身

高樓大廈圍繞四周
前往市中心的療癒空間

焚燒著香氛的館內宛如就像高級SPA般，為相當雅致的空間，也有可以一覽浦東高樓大廈的按摩室。芳香精油按摩348元／60分，以及頸部護理398元／60分等多樣療程應有盡有。

data 🚇M2號線陸家嘴站步行10分　🏠上海環球金融中心（SWFC）（→P20）3F 304室　📞(021) 68778188　🕙10時30分～24時　休無　P

❶燈光昏暗的店內有亞洲SPA的風情　❷熱石按摩658元／100分也頗受好評　❸可以在摩天大樓環繞的露台座位休息

MENU
腳底穴道……268元／70分～
背部……288元／60分～

傳統手藝

衡山路 **MAP** 別冊P2-B3

康尊按摩

康尊按摩

經濟實惠的按摩服務

為專門提供按摩的店鋪，雖然位於衡山路附近這個好地段，價格卻相對划算的。不但有道地的中醫專業保健按摩60分198元，還能享受到泰式按摩（泰式指壓）90分238元的服務。

data 🚇M1號線衡山路站步行3分　🏠建國西路656號　📞(021) 54651265　🕙11時～翌日2時　休無　P

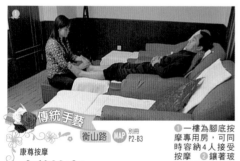

❶一樓為腳底按摩專用房，可同時容納4人接受按摩　❷鑲著玻璃又方便進入的入口

MENU
足部……98元～／60分
全身……128元／60分

飯店內沙龍

南京西路 **MAP** 別冊P16-A4

Sino Spa

SINO SPA

受名流歡迎的SPA

內部裝潢呈現東南亞風格的高級SPA，據說有許多名人造訪。在充滿高級氛圍的店內，可以享受臉部淋巴排毒按摩90分1280元等。

data 🚇M1、2、8號線人民廣場站步行5分　🏠上海明天廣場JW萬豪酒店（→P96）6F　📞(021) 61318660　🕙10時30分～翌日2時30分　休無　※需預約　P

❶整體都呈現東南亞風格的店內　❷入口也相當時髦，充滿高級的感覺

MENU
●香薰身體SPA…60分／680元
用以原創配方調配出的精油進行全身按摩

course A
初訪行程

course B
再訪行程

course C
講究行程

建議探訪時間
10～18時

享受更深度的上海旅遊！
令人興奮的自我磨練體驗

瀏覽觀光勝地是也不錯，但試著挑戰中國特有的體驗的話，
也許能更加理解上海也說不定！？
這兩種體驗都出乎意料地容易著手，請別猶豫，試著挑戰看看吧。

變身寫真館

專業的妝髮與攝影師搭配正式的攝影棚擺設，讓人有變身成模特兒的感覺。能作為畢生紀念的變身寫真館，不要害羞趕快來嘗試就對了。

南京西路周邊　MAP 別冊P4-A3

萬紅變身寫真館

變身成中國女孩

占地廣達約400㎡的變身寫真館，店內的工作人員也會對應較細微的要求。

data 🚇M2、7號線靜安寺站步行12分　🏠武定路1102號
📞13371952848　🕐9～18時（如有事先預約則為～21時）休無

❶決定方案
根據照片、服裝數等有許多方案可以選擇，對照自己的預算與時間來決定吧

❷選擇服裝
如果不知道該選哪個好，就請工作人員推薦吧。提供的尺寸範圍相當寬廣

❸妝髮
雪亮大眼的女演員妝容，再接上頭髮後完全變了一個人！

❹拍攝
攝影師會指示要擺的姿勢及視線，就大膽地做出指示的動作吧！

┌─ MENU ─┐
照片3張（服裝1件）……350元
照片5張（服裝2件）……400元
10張照片的迷你相簿（服裝2件）……450元
16張照片的豪華相簿（服裝3件）……580元
保存照片電子檔為追加服務需另收50元～

現代中國女孩風的照片！

服裝訂製

上海自古有許多優秀裁縫師輩出而聞名。從傳統設計到現代風的樣式，製作一件量身打造的旗袍帶回國吧。

❶選擇布料、設計
可以參考樣布，或是參考現成的旗袍。看到喜歡的服裝千萬不要客氣，請店家讓妳試穿吧

❷測量尺寸
測量各部位的尺寸。如果有「希望不要做得太緊」之類的要求，就先跟店家說明吧

現邊成等領服口裝細可節參設考滾計

完成！
→如果有時間的話，真想在完成前先去試穿一下

淮海中路　MAP 別冊P20-B3

金枝玉葉

專屬自己的獨創服裝！

在以白色為主色調的簡約現代風格店鋪中，除了有提供充滿女人味、形式優美的旗袍外，中國風細節設計的長版上衣種類也很豐富。

┌─ MENU ─┐
費用……2000元～
（含縫製費用）
所需花費時間……4日～
送到台灣……可以

data 🚇M1、10、12號線陝西南路站步行3分　🏠茂名南路72號　📞(021) 54651768　🕐10時～21時30分　休無

旗袍的細節

連細微的部分也徹底講究，製作獨一無二、專屬於自己的獨創旗袍

領口
領口設計的樣式也很多樣，照片中的是最普遍的造形

開衩口
可以調整高度，開口做小一點就能給人沉穩的印象

中國結盤扣
在領口以及腋下部分放上中國結盤扣，有畫龍點睛的效果

刺繡
根據刺繡的大小，費用與製作時間也不同

不夜城：上海
夜間知名景點就是這裡！

代表中國的大都市：上海的夜晚也不容小覷！
無論是令人讚嘆的美麗燈光，
或是每天宛如夜間祭典般的熱鬧氣氛，
都是夜晚才能體會到的醍醐味。來吧，一起前進夜上海！

娛樂表演

上海雜技
杂技

雜技是類似馬戲團的表演，雖然中國各地都有雜技團，其中上海雜技團的水準更是出類拔萃。看到超乎常人的動感演出，一定會讓你捏一把冷汗。任何場地的表演都是從19時30分左右開始（需事先確認），把時間抓鬆一點，在30分鐘前就到場吧。

劇場資料請看這裡
- 上海商城劇院→P93
- 上海馬戲城→P93
- 宛平劇院→P93

滾燈
滚灯

在額頭、嘴巴、腳等各個地方頂著燈並扭動身體的軟骨功。

女子車技
女子车技

多人乘上一台腳踏車，並邊擺姿勢邊騎車的雜技。為男人也甘拜下風的超群腳力掌聲鼓勵。

驚險飛行
惊险飞行

機車以超高速在狹窄的球體籠子內馳騁的表演。一開始只有兩台，最後增加到五台之多

排椅
排椅

將多達10張椅子堆積起來，並有7位演員在上面倒立。絕佳的平衡感令人佩服

購買票券的方法

票券的購買方式主要有以下4種方式：

請旅行社訂票
在出發前請台灣的旅行社幫忙辦理預約手續，上海當地的旅行社也可辦理。通常需要手續費。

請飯店訂票
請住宿飯店的櫃台人員或接待員幫忙訂購，有時也可能需要手續費

直接在劇場售票窗口購買
直接前往窗口預約，或者也可以事先打電話預約，演出前再取票。

參加自選行程
若參加當地旅行社主辦的當地行程，有時也有接駁巴士或導遊為旅客服務，相當方便。

夜景

夜景景點

course A
初訪行程

course B
再訪行程

course C
講究行程

建議探訪時間
19~21時

↓裝飾樓閣風建築邊緣的緊密燈光非常壯觀

外灘
→P16·18

在漆黑暗夜中浮現出來的外灘歐風建築物群景致,有一種脫離現實的懸浮感受。雖然時常依季節和星期變動,但大概會在19~22時左右點燈。

↑歷史性建築連綿的古典景觀

豫園商城
→P26

在白天瀏覽豫園商城也不賴,但夜晚點燈後又別有一番風味。而且晚上的觀光客也比較少,可以一邊欣賞夜景一邊悠閒購物。19~21時左右會點燈。

↑燈光映照在綠波池上的夜晚的湖心亭·充滿幻想般的氣氛

酒吧

外灘 MAP 別冊 P3-C2

↓週末的人潮可能會多到沒有可以悠閒休息的地方

Vue Bar
VUE Bar

能360度觀賞的極致美景酒吧

能一覽外灘和浦東的絕佳景點,就是位於🅷上海外灘茂悅大酒店最高層樓的這間酒吧。從北外灘眺望到的全景景觀,可以欣賞到不同於浦東角度的深度景色。

data 交Ⓜ10、12號線天潼路站步行10分 住🅷上海外灘茂悅大酒店(→P95) 32-33F ☎(021)63931234(總機) 時17時30分~翌日1時(週四~六為~翌日2時) 休無 金270元

↑有按摩池坐鎮於中央的露台座位

渡輪

外灘 MAP 別冊 P8-A3

↓票券與行程不同,出航的渡輪種類也各式各樣

浦江游览
黃浦江游覽

盡情欣賞兩岸夜景

能一邊感受穿過黃浦江的風吹拂,一邊盡情觀賞逼近兩岸的絕美景致的渡輪之旅。外灘的散步道上到處都有寫著「浦江游覽」的售票處。

↓船上甲板的人群看到外灘夜景而歡呼出聲

↑可以近距離觀賞浦東的近未來景觀

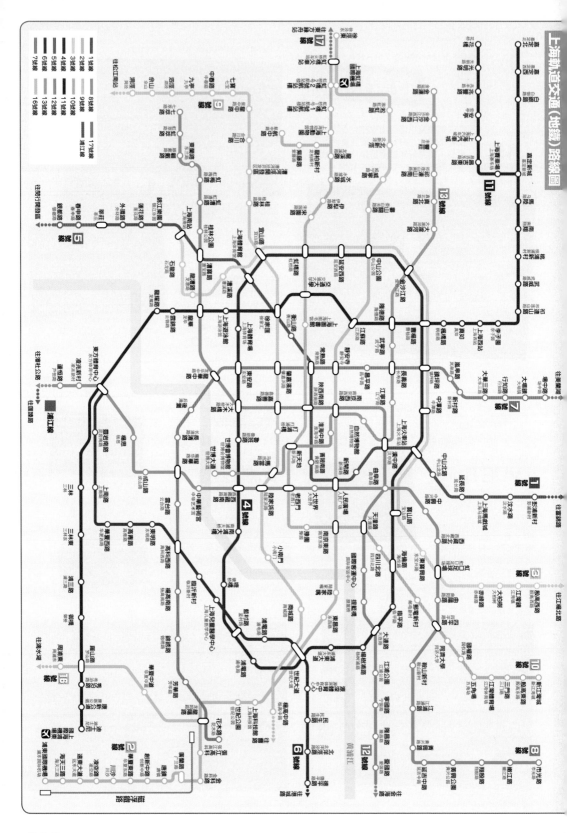

市區逛逛小建議 &
市內交通

把握交通狀況與移動要點
有效率地觀光吧

☑ **在市內移動需要注意什麼？**
遊逛方式的重點…… P64

☑ **有什麼樣的交通機關？費用如何？**
主要的交通機關…… P65

☑ **從外灘前往豫園商城哪一種交通方式最快？**
交通速查表…… P64

☑ **該搭地鐵還是巴士呢？**
地鐵（軌道交通）…… P66
計程車…… P70
巴士…… P71
渡輪（輪渡）…… P72

根據狀況與時間
選擇最適合的交通方式吧

check!

地鐵（軌道交通）	新手度	★★	也可以使用自動販賣機，標示說明也顯而易懂
	實惠度	★★	3元（約15元台幣）起跳，相當令人開心。如果在長距離移動時使用，感覺更划算
	雨天時派上用場的程度	★★★	不需要像計程車那樣你爭我奪，適合在目的地距離車站很近時搭乘
	安全度	★★★	雖然安全，但在人潮擁擠時要小心扒手
計程車	新手度	★★★	告訴計程車司機你的目的地即可，非常簡單
	實惠度	★	比其他交通機關及中國其他都市昂貴
	雨天時派上用場的程度	★	雨天時非常有可能叫不到車，會造成你爭我奪的場面！
	安全度	★★	雖然沒有被敲竹槓的危險，但司機開車方式很危險，即使機率不大，偶爾甚至會造成交通事故
巴士	新手度	★	如果對上海不熟，很難靈活運用
	實惠度	★★★	同樣的地方搭計程車需要花30元，巴士的話只要花2元就可以到達
	雨天時派上用場的程度	★★	市區比較多有搭簡易竹頂的巴士站
	安全度	★★	在人潮眾多的車內要小心扒手

市區逛逛小建議

遊逛方式的重點

重點是交叉口

在向人說明地點時，多會用「在○△路與△○路交叉口附近」這種說法。搭乘計程車時也是，除了非常知名的場所，其他地方比起告訴司機地址和門牌號碼，以地圖或筆記告知交叉路口比較容易讓司機了解。

關於道路名的各種知識

道路名像是南京東路、四川北路、復興西路、衡山路、黃河路一樣，大多是以「路」為基礎，再加上中國的都市名、省名、河川或山等地名。距離較長的道路，則會像四川北路、四川中路、四川南路等「東西南北＋中」，或是像石門一路、石門二路等用數字來區分。通過市區的高架道路（免費），則是以高架來稱呼，如南北高架、延安高架等。

到處都有標示牌，可以清楚地知道自己現在在哪裡

門牌號碼以「號」與「弄」表示

上海的地址標示方式基本上是在道路名前面接上門牌號碼，道路兩側分別為奇數與偶數。號的後面則會再接上大廈名以及樓層數。「弄」是指從大路進去的小巷弄，面向小巷弄的地址會標示為○弄△號。

意為「復興南路37弄2-10號」

有計時器的紅綠燈

行人專用號誌

紅綠燈的紅色與綠色跟台灣一樣，在紅→綠或綠→紅之間也會插入黃燈。行人專用號誌的人型標示會變成紅色或綠色，在燈號變色之前的秒數會以燈光表示。

標示行人專用道的看板，但是車子不會讓人，要小心注意

要小心汽、機車

中國跟台灣一樣都是靠右行駛，穿越馬路時，別忘了確認左側來車。此外，由於汽車即使在紅燈狀況下也能右轉，就算行人專用號誌已經變成綠色，也不能迷迷糊糊地穿越馬路，不然會有被汽車輾過去的危險。另外因為中國沒什麼行人優先的意識，還會有機車騎上人行道，步行時要十分小心汽車或機車。

下道地點

指示穿越大馬路的地

↑從上開始依序為巴士、計程車、地鐵乘車處的標示牌

說明前方正在施工的看板

會出現在公園綠地中的「請勿入內」標示牌

各式各樣的街頭標示牌

主要的交通工具

	南京東路(人民公園那側)
從南京東路（人民公園那側）	最接近南京東路（人民公園那側）的車站 1、2、8號線人民廣場站
從外灘（黃浦公園）	南京東路站搭2號線到人民廣場3分
從新天地	從黃陂南路站搭1號線到人民廣場站3分
從豫園商城	從10號線豫園站到2號線人民廣場站5分，要在南京東路站換車
從靜安寺（南京西路）	從靜安寺站搭乘2號線到人民廣場站7分
從浦東（東方明珠塔）	從陸家嘴站搭乘2號線到人民廣場站6分

主要的交通工具

如要前往主要地點，
搭地鐵就可以搞定

交通工具	費用	行車時間	需避開的時間	上海公共交通卡(→P67)
地鐵（軌道交通）	採區段制，3元起跳，每10km增加1元。在市區內移動大概會花費3~5元左右。	地鐵於5時30分~23時左右期間行駛，3、5號線行車時間較短。白天約為5~10分一班，夜間為15~20分一班。	1、2號線的早、晚通勤時間（8、9時，18時前後）與假日白天較擁擠。	○可以使用
巴士	附冷氣的巴士基本價為2元，長距離的路線依據乘車距離約為2~4元左右。	依據不同路線會有很大的不同，但大約為4時30分~23時左右。深夜運行路線為23時~翌日4時左右。	傍晚的返家高峰時間不論平日、假日皆為16~18時左右。依據路線會有需要擠人的可能性。	○可以使用
計程車	滿3km之前14元，之後每1km加收2.5元(總車資的1元以下部分四捨五入)。23時~翌日5時起跳價為18元。	24小時皆可叫到在街上攬客的計程車。	8~9時左右和16~18時左右不只嚴重塞車，也較難叫到計程車。深夜時段女性請避免一個人搭車。	○可以使用

馬上了解最方便
的交通方式♪

到外灘（黃浦公園）	到新天地	到豫園商城	到靜安寺（南京西路）	到浦東（東方明珠塔）
從南京東路站搭2號線到人民廣場3分	從人民廣場站搭乘1號線前往黃陂南路站3分	從2號線人民廣場站到10號線豫園站需5分，要在南京東路站換車	從人民廣場站搭2號線到靜安寺7分	從人民廣場站搭2號線到陸家嘴站6分
最接近外灘（黃浦公園）的車站 2、10號線南京東路站	從2、10號線南京東路站到1號線黃陂南路站需6分，要在人民廣場站換車。另外到10號線新天地站為11分，搭計程車則為15分	從南京東路站搭乘10號線到豫園站2分	從南京東路站搭乘2號線到靜安寺站9分	從南京東路站搭乘2號線到陸家嘴站3分，或是搭乘穿過外灘觀光隧道的無人駕駛列車5分
從1號線黃陂南路站到2、10號線南京東路站需6分，要在人民廣場站換車。另外到10號線新天地站為11分，搭乘計程車為15分	**最接近新天地的車站 1號線黃陂南路站與10、13號線新天地站**	從新天地站搭乘10號線到豫園站9分	從1號線黃陂南路站到2號線靜安寺站需10分，要在人民廣場站換車。搭計程車則需15分	從1號線黃陂南路站到2號線陸家嘴站需9分，要在人民廣場站換車
從豫園站搭乘10號線到南京東路站2分	從豫園站搭乘10號線到新天地站9分	**最接近豫園商城的車站 10號線豫園站**	從10號線豫園站到2號線靜安寺站需12分，要在南京東路站換車。搭計程車為20分	從10號線豫園站到2號線陸家嘴站需5分，要在南京東路站換車
從靜安寺站搭乘2號線到南京東路站9分	從2號線靜安寺站到1號線黃陂南路站需10分，要在人民廣場站換車。搭乘計程車為15分	從2號線靜安寺站到10號線豫園站需12分，要在南京東路站換車。搭乘計程車為20分	**最接近靜安寺（南京西路）的車站 2、7號線靜安寺站**	從靜安寺站搭乘2號線到陸家嘴站12分
從陸家嘴站搭乘2號線到南京東路站3分，或是搭乘穿過外灘觀光隧道的無人駕駛列車5分	從2號線陸家嘴站到1號線黃陂南路站需9分，要在人民廣場換車	從2號線陸家嘴站到10號線豫園站需5分，要在南京東路站換車	從陸家嘴站搭乘2號線到靜安寺站12分	**最接近浦東（東方明珠塔）的車站 2號線陸家嘴站**

 交通速查表內容基本上以使用地鐵為主，如果是目的地距離最近車站較遠等不好搭乘地鐵的場合，搭乘計程車較便利。

地鐵（軌道交通）

軌道交通

以市區為中心，目前有18條路線（2018年6月）運行。雖然也有「輕軌」這個略稱，但除了行駛在高架上的3號線（明珠線）外，一般多以「地鐵」稱呼。由於班次頻繁且時間準確，是想在移動時避免塞車的便利選擇。此外也設有自動售票機。

熟悉地鐵後，能逛的地方又更廣了

●路線的種類

1 號線	經過上海火車站站及人民廣場站、橫山站等，由南向北穿過市內的路線。可以在漢中路站轉乘12、13號線；在人民廣場站轉乘2、8號線；在陝西南路站轉乘10、12號線；在徐家匯站轉乘9、11號線等。
2 號線	連接虹橋第2航廈與浦東國際機場。可以在中山公園站轉搭3、4號線；在靜安寺站轉搭7號線；在南京西路站轉搭12、13號線；在人民廣場站轉搭1、8號線；在南京東路轉搭10號線等，與主要路線相連。
3 號線	別名為「明珠線」，在高架上行駛。與4號線有10個共通車站，在上海南站站可轉搭1號線。在上海火車站站出剪票口後可前往1號線，在虹口足球站出剪票口後則可前往8號線。
4 號線	跨越浦西與浦東，環繞市區一圈的環狀線。從寶山路站到宜山路站共有10站與3號線共通。可以轉搭1、2、3、6、7、8、9、10、11、12、13號線。
5 號線	運行於市區西南部，為從1號線終點站莘莊站再往西南延長的路線，一路延伸至閔行開發區。要轉搭1號線要先走出剪票口。
6 號線	連接東方體育中心站與港城路站，南北穿過浦東新區的路線。在東方體育中心站可以轉搭8、11號線；在高科西路站可轉搭7號線；在藍村路站可轉搭4號線；在世紀大道站則可轉搭2、4、9號線。
7 號線	連接市內西北部與浦東地區。可以在鎮坪路站轉搭3、4號線；在靜安寺站轉搭2號線；在龍陽路站轉搭2、16號線；在常熟路站轉搭1號線；在肇嘉浜路站轉搭9號線；在龍華中路站轉搭12號線等
8 號線	從浦西區域通往浦東的路線。可以在人民廣場站轉搭1、2號線；在老西門轉搭10號線；陸家浜路站轉搭9號線；西藏南路站轉搭4號線；耀華路站轉搭7號線。在虹口足球場站走出剪票口可通往3號線。
9 號線	從浦東地區的曹路站，貫穿至市區西南部的松江南站的路線。可以在宜山路站轉搭3、4號線；在徐家匯站轉搭1、11號線；在肇嘉浜路站轉搭7號線；在陸家浜路站轉搭8號線；在願唐路站轉搭12號線等。
10 號線	連接新江灣城站與虹橋火車站站。可以在天潼路站轉搭12號線；在南京東路站轉搭2號線；在新天地站轉搭13號線；在陝西南路站轉搭1號線；在虹橋路站轉搭3、4號線等。
11 號線	運行於市內西北部的路線。以迪士尼站為起點延伸至嘉定北站，途中在嘉定新城站錯開城兩段路線，再一路行駛至花橋站。可以在徐家匯站轉搭1、9號線；在曹楊路站轉搭3、4號線等。
12 號線	連接七萃路站與金海路站。可以在龍華站轉搭11號線；在陝西南路站轉搭1、10號線；在南京西路站轉搭2、13號線；在漢中路站轉搭1、13號線；在天潼路站轉搭10號線；在大連路站轉搭4號線等。
13 號線	連接金運路與世博大道站。可以在金沙江路站轉搭3、4號線；在漢中路站轉搭1、12號線；在南京西路站轉搭2、12號線；在新天地站轉搭10號線；在馬當路站轉搭9號線等。
16 號線	南北向連接龍陽路站與滴水湖站，途中在羅山路站與11號線相連。雖然沒有在市區中心行駛，要從浦東區域前往上海迪士尼樂園的話，搭這條路線相當方便。
17 號線	起自虹橋火車站站，終點站為東方綠舟，可以在虹橋火車站轉搭2號線。
浦江線	起點為沈杜公路站，終點為滙臻路站。從沈杜公路站與8號線相連。

●用自動售票機購票的方法

❶ 在螢幕確認路線與站名，從下方的路線編號點選目的地路線。如果知道車資，請觸碰畫面右側的車資部分（→③）。

❷ 螢幕上會擴大顯示選擇的路線與站名，再次確認目的地車站並點選。若操作錯誤，想重選時就觸碰「返回」鍵。

❸ 螢幕上會顯示站名與車資等，從右側的數字（1～9張）點選需要張數，等左側圖表中顯示完選擇的數量時，下方的「應付」就是要付的總額。

❹ 面板右側有硬幣與紙鈔投入口。能使用的紙鈔有1、5、10、20、50元，硬幣則只能投5角和1元。車票和找零會從面板下方的出口跑出來。

  在陝西南路站或上海火車站等換車時，需要先走出剪票口。若使用上海公共交通卡，在30分鐘內換車不會追加費用。但若是使用單程車票，則需要再買一次車票。

●試著搭乘地鐵吧

1 尋找車站

M字型的紅色標誌就是地鐵的標示。在車站周邊都會有這個標示的藍色看板，試著找找看吧。其中也有看板會標示路線編號。只要往看板（箭號形狀）所標示的方向走，就可以找到往地下車站的路口，或是爬上高架車站的樓梯。

在市區有很多入口會設在百貨公司前等地

地鐵標誌

會出現在車站附近的 M 字型看板

2 購買車票

沒有售票窗口的車站

車票要在有服務人員的窗口，或是自動售票機購買。由於在窗口上方有用圖表標示每條路線的站名跟車資，要先確認車資。在窗口用中文告知車資與張數後，服務人員就會給你磁卡式的票券與找零。自動售票機採觸控螢幕設計，可以從路線圖選擇站名與指定張數，或是假如知道車資的話，就選擇金額與張數再投錢進去。

自動售票機。各個車站和路線的樣式會有些不同，但使用方法都一樣（→P66）

這個是交通票券自動儲值機，別搞混了

3 通過剪票口

指示剪票口方向的標示

剪票口全都是自動剪票機。有分進站專用及出站專用，可以看方向標示或是人流來找出進站專用的剪票機。將票券放在位於剪票機上方前面的圓形部分感應後，用身體推壓並轉動三棍閘通過剪票口。上海公共交通卡也是以同樣的方式使用，若是使用交通卡，在機器後方會顯示卡票的餘額。若餘額不夠付到達目的地的車資，要在出口補差額。

用車票或上海公共交通卡放在圓形部分感應

當箭頭燈號亮起即可通過

車票的種類

全路線皆採區段制，起跳價為3元，之後每10km追加1元。車票種類有相當於一般車票的單程車票，以及儲值式的上海公共交通卡。此外，如有一整天搭乘地鐵遊覽許多場所的計畫的日子，建議使用24小時有效的1日票。

單程車票

只能用來乘車一次的磁卡式車票，可以在自動售售機或窗口購買。沒有分正反面也沒有規定插入方向，使用起來相當輕鬆。

上海公共交通卡

地鐵、巴士、計程車、渡輪等上海大部分的公共運輸機關皆可使用，相當便利的儲值式個人票卡，除了地鐵窗口外，也可以在LAWSON等便利商店購買與儲值。

其他車票

能在有效時間內無限次數搭乘地鐵的通票有24小時有效的一日票18元，以及72小時有效的3日票45元。此外，還有從上海浦東國際機場出發的磁浮地鐵與一日票的套票（磁浮地鐵單程為55元，來回為85元）。

使用上海公共交通卡需先付20元押金、可以從10元開始儲值，退卡時會退回押金。
退卡地點為1號線漢中路站、1號線衡山路站、2號線南京東路站、2號線世紀公園站等。

指示月台位置的標示板。照片為往1號線月台的標示

指示終點站（行進方向）的標示牌

來到月台

通過剪票口後前往月台。由於地鐵的話月台大多位在正中央，鐵軌則位在兩側，下來月台後要確認目的地的方向。指示月台方向的標示，以及月台上方寫有「往○○（站名）」的看板會說明該列車的行進方向。吊掛在月台上的電視螢幕則會顯示下一班及下下一班列車到達前所需等待的時間。

行進方向的終點站或是大站名

現在所在站名

行進方向與下一站的站名

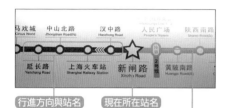

行進方向與站名

現在所在站名

同路線上的轉乘車站

> 3號線及6號線的車站多為鐵軌在中央、月台在兩側的設計，從指示看板確認目的地方向後，再爬上月台吧

顯示下一班列車在幾分鐘後抵達

顯示下下一班列車在幾分鐘後抵達

搭車

月台的地板上有時會標示列車停車時的車門位置、方向以及「下客區、候車區（下客区、候车区）」位置。雖然規定是正中央的下客區要空出來給下車旅客下車，要乘車的旅客則是要在兩邊的候車區排隊等候，但當地人不太遵守規則。有些月台與軌道之間有用玻璃隔開，有些則沒有，要十分小心別摔下月台或掉東西下去。

當列車車門與月台這側的玻璃門都開啟時就可以上車。要小心別讓東西掉進縫隙裡

來試著轉車吧

在人民廣場站轉車相當簡單！

要在各路線之間轉車除了一部分車站外，只要照著車站內的方向標示移動即可，不需要再買一次車票，也不用再通過一次剪票口。雖然有些車站的聯絡通道很長，但只要沿著「換乘」字樣和用不同顏色標示的路線編號看板前進就沒問題了。1、2、8號線都相連，在觀光客很常利用的人民廣場站，只要穿過呈三角形的巨大中央大廳就可以前往別條路線的月台。

確認路線編號，往箭頭指示方向走

有車站內部及周邊地圖、路線圖可供參考

人民廣場站的巨大中央大廳

也有要先出剪票口再轉乘的情況

在上海火車站，1號線與3、4號線之間轉乘需先出剪票口，再走過地下道路至欲轉乘路線。虹口足球場站的3、8號線及宜山路站的4、9號線也因為兩線車站建築是分開的，需要先爬上地上再走到欲轉乘路線。兩者皆需重新購買車票。

上下車門上方也有路線圖

6 下車

車內除了會以中英文廣播下一個
停靠站名，有些車廂內連接處方
向的門上設有電子顯示板，會顯
示下一站的站名（中文與英文）。到達目的地車站
後，看一下月台內的指示看板，確認站名後再下車
吧。因為車上旅客還沒下車完乘就會擠進車廂，
小心別被人潮推回去了。

「下一站」的意思跟
台灣一樣，都是指
「下一個車站」

「前方站」代表下一個停靠車站

7 通過剪票口

下車後，就順著出口的看板前往
剪票口所在的樓層。找到有←燈
號的出口專用自動剪票機，若使
用單程票的話，就將車票插進剪票機前的卡片插入
口。因為車票不會退回，直接推動三根閘通過剪票
口就好了。使用上海公共交通卡的話就跟入口剪票
口一樣，將卡片放在剪票機上面的圓形部分感應後
再通過三根閘。如果搭過站了，只要將車票與不足
的金額交給剪票口旁的票務處理窗口，服務人員就
會給你有效的車票，再通過自動剪票口即可。

將上海公共交通卡
放在圓形部分感應

指示剪票口方
向的看板

位在剪票口旁的票務處理窗口

等箭頭燈號
亮起即可通過

單程車票就插入卡片插入口。
票卡會被回收

8 前往地上、車站外

在車站內到處都有標示目前所在地、出
口編號與位置、車站周邊道路及主要設
施名稱的便利出口地圖，就靠這些地圖
找出離目的地近的出口吧。出口旁邊也
有更加擴大後的出口地圖。

確認自己想前往的
道路在幾號出口

位於前往地上出口
附近的周邊地圖

車站內、車廂內的注意事項

1 禮節與禁止事項

禁止攜入危險物品、禮讓殘障人士與
帶小孩的乘客、先讓車上旅客下車再
上車、不在車內留下垃圾等，只要遵
守在台灣的禮節基本上就沒問題了。
至於在車內使用行動電話，目前似乎
並不算違反禮儀。此外，車內禁止攜
入長（或是高、寬）1.7m以上物品、
體積0.2m³物品、重量23kg以上物品。

2 罰款

如果無票搭車，或是用無效
車票搭車的話，除了要補付
乘車車資，有時還會被懲處
相當於5倍以下車資的罰款，
所以千萬別弄丟車票了。此
外如破壞站內或車內的物
品，也會被要求補償與該物
品價值相當的金額。

3 小心扒手

在擁擠的車內，時
常發生錢包或手機
被竊盜的案件。尤
其扒手很常從沒有
鈕扣或拉鍊的口袋
或是背上的背包偷
東西，要十分小
心。

雖然地鐵沒什麼治安上的問
題，但人潮擁擠時要小心扒手

也有像河南中路站→南京東路站、石門一路站→南京西路站、東方路站→世紀大道站等
雖然站名已變更，卻還沒修正成新站名的看板，需要留意。

計程車 出租汽车

計程車採跳表制,由於極少有特意繞遠路的司機,可以安心搭乘。如果是在市區內,除了可以叫24小時攬客的計程車,在大飯店前也會有計程車排隊待客。只是,在傍晚或雨天時可能會叫不太到車。除了知名飯店和百貨公司、觀光勝地、車站外,司機大多不清楚場所的確切位置,最好告知住址或交叉口(路名X路名)。

由於採跳表制度,相當容易利用

●試著搭乘計程車吧

1 叫計程車

我要搭計程車
我要打的

通常是找到在街上攬客的計程車後,如果該計程車沒載客,面向前車窗的左側(副駕駛座)會有牌子顯示「空車」二字,看到後就舉手叫車子停下來。在觀光景點或大馬路上會設置計程車候車處(出租车扬招点),有些地方的計程車甚至只能在此停車。此外,也可以用智慧型手機等的應用程式叫計程車。

指示計程車候車處的標示

2 搭車

到〇〇路
和△△路
到〇〇路和
△△路

計程車停車後,就自己開門上車。如果有打算用上海公共交通卡付車資的話,在上車時事先出示就不會有問題了。為了以防萬一,還是確認一下計程車司機蓋起空車車牌、啟動計費器的動作。坐在前面座位(副駕駛座)時如果沒繫安全帶,被警察發現時就會懲處50元罰款,請小心注意。

確認位於駕駛座右側的計費器

從罩住駕駛座的玻璃的空隙給錢

3 付費、下車

停在這裡
停在这里

如果用現金支付車資,給司機100元紙鈔可能會被嫌棄說「沒有零錢」,此外,雖然機率極小,但找錢時也有可能會收到50元假鈔,所以盡量準備面額較小的紙鈔吧。使用上海公共交通卡的話,必須在計費器停止計費前將卡片交給司機,否則會無法使用,請小心留意。司機會尋問要用現金還是拉卡(交通卡),如果要用交通卡,就先準備好以便馬上出示。下車時要自己關上車門。

交通卡會放在空車牌的背面

使用發票作為收據

每家公司的車體顏色都不同,此外,計程車上方都有標示計程車公司名的燈號,相當清楚。

付費機制

採跳表制,起跳價為開滿3km前14元,之後每1km加收2.5元(總車資1元以下部分為四捨五入)。23時～翌日5時為深夜加乘時段會加收3成車資。

主要計程車公司與聯絡資訊

公司名稱	預約電話	遺失物/客訴
大眾出租汽車	☎ (021)96822	☎ (021)62580780
錦江汽車服務	☎ (021)96961	☎ (021)02196961
強生出租汽車	☎ (021)62580000	☎ (021)61352288

若有司機在機場或長距離巴士總站周邊出聲招呼,那大多是未經許可就營運的私人計程車司機,車體上方沒有公司名稱燈號的車是稱為「黑車」的私人計程車,搭乘時需要跟司機議價。考慮到安全問題,不要搭乘為妙。

巴士 公共汽车

上海市內的巴士路線如網子般遍布四方。雖然搭乘方式很簡單,但很難判斷要搭乘哪條路線或是要在哪裡下車,所以初訪上海的旅客還是不要搭乘比較明智。巴士有分一人駕駛巴士與有車掌服務的巴士,兩者的上車、下車及付費方法多少有異。

巴士內部很乾淨

●路線的種類

路線多達1000號,雖然看起來是隨意以阿拉伯數字或中文文字標示路線號碼在巴士上,但其實有規則在其中,先記住規則就會很方便。

1～100 號巴士	為一般路線,價格統一
200 號巴士及 400 號巴士	200號巴士僅於早晚尖峰時刻行駛,400號巴士則是渡過河川的路線
300 號巴士	夜間路線
500～800 號巴士	郊外或住宅區路線
900 號巴士	有空調的巴士
1000 號巴士	區間巴士

●試著搭乘巴士吧

1 尋找巴士站
巴士站有分舊型與新型2種,記載在上面的資訊都是一樣的,標示有巴士站名、路線編號(路線名稱)、路線上的全巴士站名與行進方向、無空調、有空調、各車輛的車資、始班與末班車停靠時間等。

2 上車前確認
當巴士靠近時,要確認車頭上方的標示,巴士停止後就確認一下前門旁邊,除了路線編號外也有顯示起始站、終點站的停靠站名。此外若是一人駕駛巴士會顯示「前門上客」四個字,意思為要從前門上車。

3 搭車、付費
若是一人駕駛巴士就要從前車上車,並將硬幣投入駕駛座旁的投幣箱。使用上海公共交通卡的話,只要將卡片觸碰駕駛座旁的感應面板就會扣款。如果是有車掌服務的巴士,雖然前後門皆可上車,但要將車資交給坐在後門後方的車掌以取票,上海公共交通卡則要輕觸車掌座位旁的感應面板。

4 下車
有裝空調的新型巴士的車內前方有電子顯示板,除了會以中文或英文顯示下一個停靠站名,有時也有車內廣播。電子顯示板會顯示「下站……」、「下一站……」表示下一個停靠站名。在有車掌服務的巴士內,則會由車掌大喊告知下一個停靠站名。若是在市區內,即使沒有表示要下車巴士也會停車,所以就要從前後方附近的車門下車。不用將車票交給車掌或駕駛。

有裝空調的新型巴士前車窗上方有電子顯示板

延安路 BRT「71 路」
2017年2月開通的BRT。行駛巴士專用道,即使需要等交通號誌轉換也不會塞車,相當便利。行駛路線在以前曾運行的巴士71路路線附近,巴士站沿著東西向延伸於上海市區的「延安東路～延安西路」設置。BRT分成兩種巴士,一種是從起點到終點都全程行駛的巴士,另一種則是只有外灘的「區間車」(終點站為黃陂北路)。行車時間為6～23時左右,每隔3～5分鐘來一班,車資一律為2元。

車資系統
有無論乘車距離皆為均一價的路線,以及根據搭乘距離調整費用的區段制(在市區內移動約2～4元左右)的路線。

舊型巴士站	新型巴士站

箱的一人駕駛巴士 / 白色看板為有車掌服務的巴士,黃色看板則為設有投幣 / 則為一人駕駛巴士 / 路線編號周圍是橘色的就是有車掌服務巴士,黃綠色是

巴士站的看板

路線編號
現在所在巴士站
沿箭頭方向依序停靠
車資
標示有無空調等費用

巴士車體側邊

意思是從前門上車
車資
路線編號
有裝空調的記號
前門上車

一人駕駛巴士

從前方上車,要將車資投入投幣箱。由於不會找錢,請事先準備1元鈔票、1元硬幣與5角硬幣

有車掌服務的巴士

前後車門皆可上車,要將車資交給車掌。雖然可以找零,但給高額紙鈔的話車掌會不太高興,盡量還是用10元以下紙鈔付款

渡輪（輪渡） 轮渡

連接黃浦江兩岸的渡輪「輪渡」約有17條路線，由於也有船隻可以帶自行車或摩托車上船，所以當地居民常作為代步工具使用。連接東昌路與浦西的金陵東路的東金線離外灘也很近，可以一邊眺望高樓大廈與河畔的公寓建築，一邊享受小小的遊輪氣氛。

當地居民的代步工具，也可以運送自行車和摩托車的渡輪

●試著搭乘渡輪吧

1 前往乘船站

到東門路的輪渡站
到东门路的轮渡站

在外灘南下中山東一路～二路即可到達金陵東路輪渡站，從這裡再往下走到復興東路東端有復興東路輪渡站，兩站都有往浦東的東昌輪渡站行進的渡輪運行。

2 購買代幣

渡輪的船資為2元，船票為塑膠製代幣「筹码（籌碼）」。前往標示有「售票处」的窗口，付現金後再領取代幣。若是使用上海公共交通卡就不用買代幣，直接將卡片碰觸剪票口的感應面板即可。

在窗口購買代幣

上海公共交通卡的儲值窗口

有裝空調的渡輪代幣（2元）

3 穿過剪票口、上船

自行車和摩托車也會穿過剪票口，需要小心。將代幣投入眼前的投幣箱（有裝空調的渡輪則是投入自動剪票口上面的投入口）後，直接通過即可。穿過剪票口後正前方就是乘船處，渡輪抵達後鐵欄杆就會打開，直接前進搭船就可以了。

有裝空調的渡輪（東金線）的自動剪票口

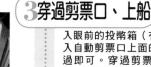
騎著摩托車一起乘船

任風雨吹打的船內

4 下船

約5～10分後就到了對岸的船隻停靠處。等到船隻側面的門打開後再下船。順著人流直直走過正前方的通路後，就可以走出乘船站來到外面。

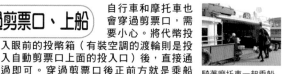
走過棧橋出站

等待船門開啟吧

從船上看到的浦東

外灘觀光隧道 外滩观光隧道

連接外灘與浦東的陸家嘴區域的觀光隧道。16人座的無人駕駛列車來回兩岸，可以一邊享受奇幻的燈光秀一邊前往對岸。
→參考P23

黃浦江遊船 黄浦江游览船

在黃浦江有由各家公司經營的遊船航行其中。最推薦的是從外灘運行約50分鐘的短程行程，船資為120元。能看見兩岸美麗夜景的夜間遊船也很受歡迎。船隻為每30分一班。

●上海強生水上旅遊有限公司
別冊MAP P7-D2 ☎(021)63111918 時18～21時（末班船） 休無 金120元

上海
各類型
推薦景點

為大家分成各類型介紹
到P61的特集中沒能介紹完的推薦景點。
已經決定旅行目的地的讀者，
接下來就來尋找自己想去的地方吧！

Contents

✤ Sightseeing

觀光景點

上海較少有大規模的觀光設施，
但遍布著保留當時風貌、
訴說從古老3世紀到現代的街道歷史的建築物，
以及比較近代的景點。

特集也要 Check!
外灘圖像MAP…P16
浦東4大地標塔…P20
探訪豫園…P28

Advice
●攝影
許多博物館及美術館、宗教設施內部禁止攝影。
此外，也有地方禁止使用閃光燈，需事先確認。

觀光服務處
上海旅遊諮訊服務中心 MAP 別冊P7-D4
☎(021)23028585 ⏰9～21時 休無
南京西路旅游諮訊服務中心 MAP 別冊P4-B4
☎(021)62483259 ⏰9時30分～17時30分 休週六、日

寺廟&教會 &古蹟

✤

從上海還是座漁村的時候就有佛教寺院建立於此，在劃分為外國租界的時代期間也建造了基督教會。此外也有幾座與近代歷史的一部分相關的史蹟。在造訪寺廟或教會時，請注意不要太過吵雜。

南京西路　MAP 別冊P4-B4

靜安寺
靜安寺

深受民間信仰
佇立於南京西路邊的古剎

據傳創建於三國時代吳國的赤烏10年（247年），當初被稱為重元寺，在1008年改名為靜安寺。元代時曾發展為大規模的寺廟，但在清代荒廢後，經過數次遷移與修復，在光緒6年（1880年）重建。寺廟的主殿「大雄寶殿」於1984年重建時，安置了高3.87m的玉佛。靜安寺面向熱鬧的交叉口，是南京西路的地標。

⬆壯麗的主殿經修復過後相當美麗 ➡環繞著大樓的寺院。於2017年進行大規模的重建工程

DATA ⏱~30分
🚇M2、7號線 靜安寺站步行1分 🏠南京西路1686號 ☎(021)62566366 ⏰7時30分～17時 休無 💰50元

南京西路周邊　MAP 別冊P4-B1

玉佛寺
玉佛寺

供奉著緬甸玉佛的名剎

創建於光緒8年（1882年），境內的玉佛樓供奉著高1.9m的白玉製玉佛坐像，臥佛堂內則供奉著身長96cm的玉製釋迦涅槃像。

DATA ⏱30~120分
🚇M13號線 江寧路站步行5分 🏠安遠路170號 ☎(021)62663668 ⏰8～17時 休無 💰20元(參觀玉佛樓另收10元)

豫園周邊　MAP 別冊P7-C4

白雲觀
白云观

上海最大的道教寺院

創建於清代末年的道教寺院，於2005年再度遷移到大境路旁的現址。大殿內安置著高約5m的吳天玉皇上帝坐像。

DATA ⏱~30分
🚇M10號線 豫園站步行5分 🏠大境路239號 ☎(021)63286728 ⏰8時～16時30分 休無 💰5元

新天地周邊　MAP 別冊P12-B1

法藏講寺
法藏讲寺

上海四大寺院之一

創建於1923年的天台宗寺廟。與玉佛寺、龍華寺、靜安寺並稱為上海四大寺院。混合西方要素的獨特樣式是這座寺廟的特徵。

DATA ⏱~30分
🚇M8、10號線 老西門站步行3分 🏠吉安路271號 ☎(021)63289986 ⏰7時30分～16時30分 休無 💰5元

🌐世界遺產 📷絕佳景觀 👀必看！
⏱~30分 所需時間大約 30 分 ⏱30~120分 所需時間 30～120 分 ⏱120分以上 所需時間 120 分以上

上海市南部　MAP 別冊 P2-B4

龍華寺
龙华寺

據說由孫權所建的古刹

據說是因《三國志》而廣為人知的孫權所建。其中於北宋時期重建而成的高40.64m、七層八角的龍華塔相當值得一看。

DATA ⏳30〜120分
🚇11、12號線 龍華站步行2分
🏠龍華路2853號　📞(021)62663668
🕐8〜17時　休無
💰10元(鐘樓另收50元)

南京西路周邊　MAP 別冊 P5-D1

中國勞動組合書記部舊蹟
中国劳动组合书记部旧迹

可以了解勞動組合的歷史

在從石庫門建築改裝而成的館內，運用投影片或蠟像介紹勞動組合在上海的歷史與當時的活動。

DATA ⏳〜30分
🚇13號線 自然博物館站步行4分
🏠成都北路893弄9號
📞(021)62157732　🕐9〜11時30分・13時〜16時30分　休週一　💰免費

豫園周邊　MAP 別冊 P13-C1

文廟
文庙

曾舉辦舊書市場的孔子廟

起源可追溯至南宋時代，現在的廟宇是於1855年重建而成。大成殿前佇立著孔子像。每週日舉辦的舊書市場是上海的知名活動。

DATA ⏳〜30分
🚇8、10號線 老西門站步行7分
🏠文廟路215號　📞(021)63779826
🕐9〜17時　休無
💰10元

豫園周邊　MAP 別冊 P7-C4

大境閣
大境阁

上海唯一現存的城牆

1553年全長4.5km的城牆在上海縣落成。幾年後，於城牆內一處建造了大境關帝廟。在1912〜14年撤除城牆，僅留下50m。

DATA ⏳〜30分
🚇10號線 豫園站步行5分
🏠大境路239號　📞(021)63266171
🕐8〜16時　休無
💰5元

淮海中路　MAP 別冊 P10-A4

宋慶齡故居
宋庆龄故居

為革命和人民福祉而活的女性宅邸

宋慶齡為上海名家宋家三姊妹的二女兒，並以孫文夫人的身分聞名。這裡介紹的景點正是她的故居，重現了她於1949〜63年生活在此的客廳與客房。

DATA ⏳〜30分
🚇10、11號線 交通大學站步行7分
🏠淮海中路1843號
📞(021)64747183　🕐9〜17時
休無　💰20元

新天地周邊　MAP 別冊 P12-B1

大韓民國臨時政府舊址
大韩民国临时政府旧址

大韓民國流亡政府的據點

在日本併吞韓國後的1919年，李承晚率領的大韓民國臨時政府於上海建立。有開放1926〜32年當時的會議室等給遊客參觀。

DATA ⏳〜30分
🚇10、13號線 新天地站步行2分
🏠馬當路302〜304號
📞(021)53829554　🕐9〜17時
休無　💰20元

南京西路周邊　MAP 別冊 P10-B1

蔡元培故居
蔡元培故居

追尋近代教育家的足跡

蔡元培生於浙江省紹興，建立中國近代教育的基礎，也曾擔任北京大學校長。他曾居住的住家目前作為資料館開放給遊客參觀。

DATA ⏳〜30分
🚇2、7號線 靜安寺站步行8分
🏠華山路303弄16號
📞(021)62484996　🕐9〜11時・13〜16時　休週一　💰免費

衡山路周邊　MAP 別冊 P10-B3

國際禮拜堂
国际礼拜堂

高雅的哥德式教會

由居住在上海的美國信徒於1925年建成，為上海市內最大的基督新教教會。僅有望彌撒時可供參觀，請留意。

DATA ⏳〜30分
🚇1號線 衡山路站步行3分　🏠衡山路53號　📞(021)64376576　🕐週日7時30分、11時、19時的望彌撒時段可供參觀　💰免費

衡山路周邊　MAP 別冊 P2-B3

徐家匯天主教堂
徐家汇天主教堂

上海最大的教會

兩座60m高尖塔的哥德樣式教會，有外牆上方的彩繪玻璃及從巴黎運來的祭壇等，具有高度的歷史價值。

DATA ⏳〜30分
🚇1、9、11號線 徐家匯站步行5分
🏠蒲西路158號　📞(021)64382595
🕐13〜16時(週日為14時〜)
休週一〜五　💰免費

龍華寺在12月31日夜晚有除夜撞鐘活動。鐘樓會點燈光，還有販售越年麵與撞鐘套票，最後再由煙火收尾，迎接新的一年。

美術館&博物館&展示館

雖然中國的博物館大多以展示古代文物為主，但在人民廣場周邊有越來越多展示現代作品為主的美術館與展示館，有時間的話就去看看吧。

人民廣場周邊 MAP 別冊P6-B3

上海博物館
上海博物馆

與北京的故宮博物院並立中國4000年歷史的寶庫

建於英租界時代舊址：人民廣場上，總面積38000㎡、地上5層樓構造的建築物設計成古代容器「鼎」的造型。館內收藏、展示著約12萬件從新石器時代到現代的文物與民間藝品，其中1樓的古代青銅館、古代雕塑館；2樓的古代陶瓷館；3樓的歷代繪畫館、歷代書法館，以及4樓的古代玉器館更是值得一看。餐廳與商店設施也很完備。

↑「鼎」外型的莊嚴外觀

←帶著一抹溫和笑容的「北齊釋迦佛石像」

DATA 120分以上
M1、2、8號線 人民廣場站步行5分
人民大道201號 (021)63723500
9～17時(入館為～16時) 無 免費

上海市北部 MAP 別冊P3-C2

上海鐵路博物館
上海铁路博物馆

展示實體蒸汽火車

將建於1909年的英式建築改建為博物館，除了可看到以前的蒸汽火車以及載著達官顯要的豪華客車，也有展示鐵道開發史的相關資料。

DATA 30～120分
M3、4號線 寶山路站步行5分
天目東路200號 (021)51221987
9時～11時30分、14時～16時30分 休週一 10元

南京西路 MAP 別冊P5-D2

上海自然博物館
上海自然博物馆

能在大都會中見到恐龍的地方

一踏進博物館，就有巨大的恐龍化石迎接遊客到來。可以看到只有棲息於中國的揚子江鱷及白唇鹿等的標本。

DATA 30～120分
M13號線 自然博物館站步行3分 石門二路128號靜安雕塑公園內
(021)68622000 9時～17時15分
休週一 30元

虹口周邊 MAP 別冊P3-C2

上海郵政博物館
上海邮政博物馆

介紹上海的郵政事業歷史

為建於1924年的古典主義樣式洋房，現為上海市郵政大樓。2樓大廳後方為博物館，展示著珍貴的資料。

DATA 30分
M10、12號線 天潼路站步行5分
天潼路395號 (021)63936666
9～17時(入館為～16時)
休週一、二、五 免費

外灘 MAP 別冊P19-D4

滬申畫廊
沪申画廊

前衛藝術與浦東全景

為外灘3號內的畫廊。畫廊內介紹了繪畫、裝置藝術、影片等實驗性美術作品。映照在窗上的浦東景觀也與展示品有互相輝映的效果。

DATA 30～120分
M2、10號線 南京東路站步行10分
中山東一路3號3F
(021)63215757 11～19時
無 免費

上海市北西部 MAP 別冊P2-A1

上海汽車博物館
上海汽车博物馆

汽車迷必看

分為歷史館、珍藏館、探索館、預備展示區四個區域，展示100輛以上的古董車與跑車。

DATA 30～120分
M11號線 安亭站步行5分 安亭汽車博覽公園
汽車博物館7565號 (021)69550055 9時30分～16時30分 休週一 60元(身高100～130cm為40元、100cm以下免費)

南京西路 MAP 別冊P16-B4

上海當代藝術館
上海当代艺术馆

公園裡的藝術景點

佇立於人民公園內，鑲著玻璃牆的美術館。3樓設有餐廳「MOCA」(時11～23時休無)。

DATA 30～120分
M1、2、8號線 人民廣場站步行8分 南京西路231號人民公園內7號門 (021)63279900 10～18時(週五、六為9～19時) 休無
依展示內容而異

人民廣場周邊 MAP 別冊P16-B4

上海城市規劃展示館
上海城市规划展示馆

展示都市計畫願景於一堂
位於人民廣場的白牆展覽館

地下1層樓、地上5層樓的白牆建築內，展示都市計畫的成果與未來展望，還有廣達660㎡的上海縮尺模型壯觀地立體呈現出以黃浦江為中心發展的上海。此外，在地下室還有重現租界內各國建築物的復古街道，3樓則以多媒體介紹豫園。從最高層樓可以一覽人民公園周邊的高樓建築以及歷史性樣式建築。

↑縮尺模型的一部分
→佇立於上海市政府旁的現代風展覽館

DATA
交M1、2、8號線 人民廣場站步行3分 住人民大道100號 ℡(021)63184477 時9～17時（入館為～16時）休週一（逢假日則開館）金30元（導覽用耳機20元／台）

浦東 MAP 別冊P8-A1

上海城市歷史發展陳列館
上海城市历史发展陈列馆

可以參觀昔時上海面貌

以人偶或模型重現近代中國的街景與生活樣貌，也有展示鬥蟋蟀、鴉片館等風俗景物，以及實體馬車和路面電車。

DATA
交M2號線 陸家嘴站步行5分 住東方明珠（→P21）1、2F ℡(021)58791888 時8～21時 休無 金35元（持入場券即可免費參觀瞭望台）

虹口周邊 MAP 別冊P21-D4

孫中山故居紀念館
孙中山故居记念馆

國父：孫文以及
宋美齡曾居住的故居

為中華民國第一任臨時大總統、同時也受推崇為國父的革命家：孫文（孫中山）於1918年～24年與妻子宋慶齡一同居住的宅邸。腹地前佇立著文物展示館，以資料或照片、影像解說辛亥革命以及孫文的功績、葬禮的景況等。緊鄰在展示館旁、位於後方的築物為孫文故居，客廳及寢室、書齋等都復元為當時的樣子。兩館皆禁止攝影。

↑文物展示館前的孫文像
→故居的外牆上鑲有小石頭

DATA
交M13號線 淮海中路站步行10分 住香山路7號 ℡(021)64372954 時9時～16時30分 休無 金20元

新天地 MAP P34-B1

中共一大會址紀念館
中共一大会址纪念馆

毛澤東曾在此開會的場所

1921年7月23～30日秘密進行的共產黨第一次全國代表大會會場舊址，館內以蠟像重現會議的景象。

DATA
交M1號線 黃陂南路站步行7分 住黃陂南路374號 ℡(021)53832171 時9～16時 休週一 金免費

虹口周邊 MAP 別冊P3-C1

上海魯迅紀念館
上海鲁迅纪念馆

學習中國代表性作家
足跡的紀念館

可在此學習以《阿Q正傳》、《狂人日記》廣為人知的魯迅的一切。仿造魯迅的故鄉：紹興的白牆民宅的江南住宅風外觀是標識。館內依主題劃分，展示魯迅的著作、書簡、照片等多達20萬件的珍貴資料。也有復元《阿Q正傳》背景的農村模型，以及魯迅孩提時代時曾就讀的私塾「三味書屋」等。也有商店。

↑白牆令人印象深刻的紀念館外觀
→館內也復元了與魯迅有深交的內山完造夫妻所經營的內山書店

DATA
交M3、8號線 虹口足球場站1號出口步行8分 住甜愛路200號 ℡(021)65402288 時9～16時 休無 金免費

虹口周邊 MAP 別冊P3-C1

魯迅故居
鲁迅故居

魯迅在此度過晚年的建築

魯迅在1936年、55歲過世前度過最後3年半的故居。2樓的寢室復元成魯迅臨終時的樣貌。也有中文解說。

DATA
交M3、8號線 虹口足球場站1號出口步行15分 住山陰路132弄9號 ℡(021)56662608 時9～16時 休無 金8元

上海博物館內原則上開放自由攝影，但書法館與繪畫館內禁止使用閃光燈。也有耳機導覽，可以安心參觀。金20元（需交護照或400元押金）。

其他觀光景點

❖

上海還有很多像是人民公園、上海海洋水族館等散步途中可以順道去看看的景點。此外，有熊貓的動物園、生氣蓬勃的市場、懷舊的街道等其他值得一看的景點也很多。

浦東　**MAP** 別冊 P8-A1

上海海洋水族館
上海海洋水族馆

可以體驗海底世界
魄力十足的海底隧道

館內依生物棲息地分為中國、亞馬遜、澳洲等10區，展示約300種以上、10000隻海洋生物。展示區從3樓起頭，為揚子江鱷等稀有淡水動物區。館內最具人氣的就是長155m的海底隧道與海底手扶梯，可以親身感受到在頭頂迴游的魚群氣息。

↑充滿魚群的海底隧道，看四周會令人嚇一跳
➡非常可愛的綠水龍

DATA ⏱30～120分
🚇M2號線 陸家嘴站步行5分
🏠陸家嘴環路1388號　📞(021)58779988
🕐9～18時(7、8月為～21時)　休無　💰160元

虹橋周邊　**MAP** 別冊 P2-A3

上海動物園
上海动物园

熊貓與金絲猴等
人氣動物齊聚一堂

腹地廣達70萬㎡的園內飼育著600種以上、約6000隻動物，是規模在中國內也算首屈一指的動物園。園內可以看到東北虎、揚子江鱷、金絲猴等許多珍貴的國家保育動物。其中最受歡迎的果然是大熊貓，可以在熊貓館中看到牠的身影，彷彿會動的布偶般的樣貌超級可愛。

↑據說是孫悟空原型的人氣動物金絲猴
➡靠著牆壁吃東西的樣子也很可愛

DATA ⏱120分以上
🚇M10號線 上海動物園站步行3分　🏠虹橋路2381號　📞(021)62687775　🕐7時30分～17時(11～2月為～16時30分)　休無　💰40元

南京西路　**MAP** 別冊 P16-B4

人民公園
人民公园

位於市中心
上海市民的休憩場所

綠地公園整備自1862年於英租界內開始營業的賽馬場舊址北側。舊址南側為人民廣場，與公園以地下道連接。公園內生長著茂盛的樹木，還有於花壇與草原廣場之間流淌的小河、池塘等，總是充滿了市民相當熱鬧。園區內不僅有上海當代藝術館(→P76)及上海城市規劃展示館(→P77)、上海市人民政府的建築物佇立其中，還有咖啡廳兼酒吧在此營業。

↑從人民公園看到的南京西路大樓群
➡穿過地下道就是西藏中路西側的南京東路步行街

DATA ⏱30～120分
🚇M1、2、8號線 人民廣場站步行1分
🏠南京西路231號　📞(021)63271333　🕐9～17時(週五～日為～21時)　休無　💰免費

虹口周邊　**MAP** 別冊 P3-C1

魯迅公園
鲁讯公园

魯迅墓碑所在的休憩廣場

取名自知名小說家兼思想家魯迅的公園。起源為英國人在此建造打靶場，並整理成虹口娛樂場，之後以遠東最美的公園之姿開放給市民使用。可以看到民眾打太極拳、跳舞、打麻將的身影，公園中央還有魯迅的墳墓，刻有毛澤東所寫的「魯迅先生之墓」六字。

➡也可以看到練習演奏古典音樂的人群

↑墳墓位於魯迅像後方

DATA ⏱30～120分
🚇M3、8號線 虹口足球場前站1號出口步行5分　🏠四川北路2288號
📞(021)65401561　🕐5～21時(視月份而異)　休無　💰免費

🌐世界遺產　✈絕佳景觀　⭐必看！
⏱~30分 所需時間約30分　⏱30~120分 所需時間30～120分　⏱120分以上 所需時間120分以上

淮海中路周邊 MAP 別冊 P21-D3

上海科學會堂
上海科学会堂

曾為第一代法國總會的洋房

1918年完工時為第一代法國總會，曾為法國租界的社交場所，現在則多用來進行會議或演講會。

DATA .... 🕐~30分
🚇M9號線 黃陂南站步行10分
🏠南昌路47號
※僅能參觀外觀

外灘周邊 MAP 別冊 P3-C2

外白渡橋
外白渡桥

列為上海市優秀近代建築的橋

以1856年美國租界設於蘇州河北岸為契機所架設的橋。當時為木造橋，於1907年改建成現在的樣貌。北岸為裝飾藝術樣式的傑作「上海大廈」。

DATA .... 🕐~30分
🚇M10、12號線 天潼路站步行10分
🏠中山東一路9號外白渡橋

上海市南部 MAP 別冊 P2-B3

上海交通大學
上海交通大学

留有巴洛克建築的名校

前身為創於1896年的南洋大學，建於1918年的巴洛克樣式舊圖書館現在為大廳，建於1910年的新中館也以航運博物館之姿留存於此。

DATA .... 🕐~30分
🚇M10、11號線 交通大學站步行1分
🏠華山路1954號
📞(021)62932363 航運博物館：🕐13時30分～17時 休週一 💰免費

南京西路周邊 MAP 別冊 P4-A1

同樂坊
同乐坊

美食、商店大集合

巧妙運用三角形地形的複合設施。各國的餐廳及商店、藝廊等齊聚於此，也會舉辦時裝秀。

DATA .... 🕐30~120分
🚇M7號線 昌平路站步行5分
🏠余姚路608號
🕐隨視店鋪而異

虹口周邊 MAP 別冊 P3-C1

多倫路文化名人街
多伦路文化名人街

在古玩街盡情享受老上海風情

在重現1920～30年代街景的大道上，販售古董、書畫、玉等店家櫛比鱗次。在大道中還遍布著魯迅等活躍於近代的文人銅像。

DATA .... 🕐~30分
🚇M3號線 東寶興路站步行10分
🏠多倫路239號 📞(021)56668801
🕐8～17時 休無

南京西路 MAP 別冊 P16-B2

杜莎夫人蠟像館
杜莎夫人蜡像馆

令人憧憬的大明星齊聚一堂

展示歷史著名人物與好萊塢明星、政治家等的蠟像，也可以跟蠟像拍紀念照。以中文字標示的人物名稱相當有趣。

DATA .... 🕐30~120分
🚇M1、2、8號線 人民廣場站步行2分
🏠南京西路2-68號新世界城10F
📞(400)0988966 🕐10～21時（入館為～20時）休無 💰190元

上海市北部 MAP 別冊 P2-B2

莫干山路五十號
莫干山路五十号

象徵上海的藝術界

昔時的倉庫街以年輕藝術家藝廊之姿備受矚目。數棟建築內有工作室及畫廊進駐，上海市也正在推動招攬活動。

DATA .... 🕐30~120分
🚇M13號線 江寧路站步行10分
🏠莫干山路50號
📞(021)62663639
🕐隨設施而異 💰免費

南京西路周邊 MAP 別冊 P10-B1

大勝胡同
大胜胡同

邊緣裝飾著紅磚瓦的集合住宅

1912～36年建造的集合住宅，淡棕色牆壁加上紅磚瓦邊框的設計相當獨特。華山路邊的建築外觀目前正在進行施工。

DATA .... 🕐~30分
🚇M2、7號線 靜安寺站步行5分
🏠華山路229～293號

石庫門屋里廂是什麼？

是於1920～30年代建造的上海民宅建築樣式，類似日本長屋的低層紅磚瓦建築的集合住宅，特色是厚重的門扉與石造門框。石庫門屋里廂中，以資料與看板介紹此種住宅樣式。
data MAP P34-A2 🚇M1號線 黃陂南路站、10、13號線新天地站步行5分 📞(021)33070337
🕐10～22時 休無 💰20元（60歲以上為10元）

於新天地北里25號
石庫門屋里廂位

 莫干山路五十號里也有咖啡廳及商店。有販售中國民族音樂CD的咖啡廳、可以與作家對話的手工藝品店、以及很有品味的飾店等也是令人注目的景點。

美食

✤ Groumet

除了上海、廣東、四川、北京菜等中國菜，還可享用法國菜跟泰國菜等世界各國的美食，這是上海美食的魅力之一。

特集也要 Check!
小籠包&上海蟹…P42
美容系美食清單…P44
小吃清單…P48

Advice

●點餐
就位後要先點飲料。菜單內容依前菜、主菜、豆腐與蔬菜、湯類、甜點等順序記載，由於一盤分量很多，以2人2道菜、飯加上湯為參考份量去點餐。

●付款、小費
小吃店等較小型的店家通常無法使用信用卡付款。此外，沒有付小費的習慣。
●禮儀
並沒有特殊的著裝規定。在喝湯時即使裝在小碗中也不能直接啜飲，要使用中式湯匙品嘗。

上海&江南菜

✤

上海菜的特色是以淡水水產製作的甜辣味濃郁的醬油，最有名的當然是上海蟹。從整隻清蒸到蟹黃料理，吃法相當多種。另一方面，江南菜據說是上海菜的源頭，在長江流域的揚州與杭州發揚光大。

淮海中路周邊　MAP 別冊 P10-A3

圓苑
圓苑

衆多有益健康的新上海菜

以1930年代左右的家常菜為主，提供不添加任何化學調味料、少糖少油的健康新上海菜。其中一定要品嘗的，就是用醬油為基底的醬汁，長時間燉煮充滿膠原蛋白的五花肉而成的圓苑紅燒肉88元。還有快炒去殼河蝦後，再與上海蟹黃混合而成的蟹粉河蝦仁148元等也值得推薦。

⬆充滿膠原蛋白、有益肌膚的圓苑紅燒肉
➡蟹粉河蝦仁是相當奢侈的一道菜

DATA
🚇M10、11號線 交通大學站步行8分 🏠興國路201號 📞(021)64339123 🕐11～20時 休無 💰🌅200元～ 🌙200元～

淮海中路周邊　MAP 別冊 P21-D2

光明邨大酒家
光明邨大酒家

獲國家認可的名店

上海中僅10家獲評定為「國家一級酒家」的店家之一。以傳統為基底，再融合現代風格的上海菜也很受當地人喜愛。

DATA
🚇M13號線 淮海中路站步行5分 🏠淮海中路588號 📞(021)53067878 🕐7～21時 休無 💰🌅62元～ 🌙62元～

浦東　MAP 別冊 P3-D3

迷上海
迷上海

將傳統滋味以現代風呈現

在豪華時尚的空間中可以品嘗到謹守傳統食譜，卻也融合了西洋食材與技法的上海菜等中國各地美味。

DATA
🚇M7號線 花木路站步行1分 🏠上海卓美亞喜瑪拉雅酒店(→P97)6F 📞(021)38580768 🕐11時30分～14時30分、17時30分～22時30分 休無 💰🌅200～1200元 🌙200～1200元

淮海中路周邊　MAP 別冊 P21-C1

慧公館
MAISON DE L'HUI
慧公館

在建於1923年的洋房內享用豪華美食

改建自黑幫老大宅邸的餐廳，可以品嘗到黃魚麵28元等。午間套餐為1人128元～。

DATA
🚇M1號線 黃陂南路站步行8分 🏠巨鹿路168號 📞(400)8202028 🕐11～22時 休無 💰🌅396元～ 🌙396元～

🔖需事先訂位 📋英文版菜單 諳英語的員工

席家花園酒家
淮海中路周邊  MAP 別冊 P10-B1
席家花園酒家

在靜謐的洋房內
品嘗細緻的上海菜

↑店內的古典裝潢有沉靜的氣氛
→在肋排上灑上松子等的松仁玉米烤仔排

席家花園酒家曾為絲綢商席氏家族的別墅，是棟富有風情的洋房。酒家建於1930年，也曾為美孚石油公司的辦公大樓。內部裝潢相當時髦，還裝飾著古董風格的吊燈。以上海菜為基底，卻又潛藏著江南菜精髓的菜色口味相當細緻。熱炒河蝦而成的雙味河蝦仁的清爽口感更是可圈可點。

DATA
交M1、7號線 常熟路站步行10分 住巨鹿路889號 ☎(021)64661397 時11～14時、17時～22時30分(LO) 休無 金日200元～夜300元～

老洋房
田子坊 MAP 別冊 P11-D3
老洋房

前往有名黑幫的宅邸

前身為暗中活躍於魔都上海的黑幫老大：杜月笙的宅邸，是正統派上海菜餐廳。使用魚翅製作的魚翅撈飯為98元。

DATA
交M1、10、12號線 陝西南路站車程5分 住紹興路27號 ☎(021)64333506 時11～14時、17時～21時30分(LO) 休無 金日200元～夜250元～

福一零八八
南京西路周邊 MAP 別冊 P4-A4
福一零八八

在典雅的宅邸中品嘗華美的上海菜

翻修位於靜安寺站西邊的西班牙風宅邸而成的摩登料理餐廳。推薦精美冷菜拼盤58元等菜色。

DATA
交M2、11號線 江蘇路站步行10分 住鎮寧路375號 ☎(021)52397878 時11～14時、17時15分～23時 休無 金日300元～夜400元～

古意湘味濃
南京西路周邊 MAP 別冊 P10-B1
古意湘味濃

提供現代風格的湖南菜

顛覆湖南菜概念的餐廳。主廚全都來自湖南省，提供將道地風味調整為上海人口味的佳餚。蒜泥白肉32元。

DATA
交M2、7號線 靜安寺站車程5分 住茂民路87號巨富大廈1F ☎(021)62470758 時11時30分～23時30分 休無 金日146元～夜146元～

張生記
浦東 MAP 別冊 P8-A1
张生记

重現發源地杭州的口味

總店位於杭州，以西湖產的水產為首，大多使用杭州產的食材。特別推薦該店最有名的「老鴨煲」188元等菜色。

DATA
交M2號線 陸家嘴站步行2分 住正大廣場(→P88)6F ☎(021)50476828 時11～14時、17～21時 休無 金日150元～夜150元～

綠波廊酒樓
豫園周邊 MAP 別冊 P7-D3
绿波廊酒楼

在老街豫園盡情享用點心

也會用來接待國家賓客的知名餐廳。不光是高級餐點，也很推薦傳統上海風味點心，共有小籠包、蝦仁春捲等約12種選擇。

DATA
交M10號線 豫園站步行7分 住豫園路115號 ☎(021)63280602 時11～14時、17時～20時30分 休無 金日150元～夜250元～

上海老站
上海市南部 MAP 別冊 P2-B3
上海老站

在古早的列車中享用純正上海菜

本館為1921年完工的前修道院，兩旁則各放置慈禧太后與宋慶齡的專用列車車廂作為餐車車廂用。餐廳最引以為傲的是1920～30年代的純正上海菜。

DATA
交M1、9、11號線 徐家匯站步行3分 住漕溪北路201號 ☎(021)64272233 時11時30分～14時、17～22時 休無 金日250元～夜250元～

1221
虹橋周邊 MAP 別冊 P2-B3
一二二一

古早美好的家常味

也有許多日籍外派人員會來光顧的舒適上海菜餐廳。裝有兩種蝦仁料理的鴛鴦蝦球為98元，上海式炒飯「鹹肉菜飯」則為58元。

DATA
交M 2、11號線 江蘇路站車程5分 住延安西路1221號 ☎(021)62136585 時11時～22時30分 休無 金日150元～夜150元～

綠波廊酒樓等古早廣東菜餐廳在上午與下午設有飲茶時段，載著點心的餐車會巡迴各個座位。點餐方式為從餐車選擇點心，在客人點餐後服務人員就會記錄在帳單上。

中國菜&小吃

以北京烤鴨聞名的北京菜、辛辣的麻婆豆腐相當有名的四川菜等，中國各地料理於上海齊聚一堂。當地人簡單享用的麵類和小吃（輕食）種類不但豐富，也美味十足。根據自己的心情來嘗試、比較各種美食吧。

浦東　MAP 別冊P8-B2

粵珍軒
粵珍軒

品嘗美味的海鮮料理

由香港主廚提供道地佳餚的廣東菜餐廳。搭配從35樓眺望到的美景，品嘗用魚翅海膽煮成的湯品「紅燒海參大排翅」等菜餚吧。

DATA
交M2號線 陸家嘴站步行10分　住上海金茂君悅大酒店（→P94）內　☎(021)50491234　時11時30分～14時30分、17時30分～22時　休無　金日500元～夜500元～

外灘　MAP 別冊P7-C1

逸龍閣
YI LONG COURT
逸龙阁

香港主廚製作的極品料理

獲得米其林二星評價的廣東菜餐廳。使用富有彈性的大蝦仁製作的川汁明蝦球268元是這裡的人氣菜色。週末的飲茶也很值得推薦。

DATA
交M2、10號線南京路站步行10分　住上海半島飯店（→P95）2F　☎(021)23276742　時11時30分～14時40分、18時～22時30分　休無　金日300元～夜600元～

浦東　MAP 別冊P8-A2

桂花樓
桂花楼

在時尚空間中品味道地飲茶

在活用紅色與黑色設計的店內，能品嘗到邀請香港主廚製作的共58種道地點心（僅午餐時段有提供），1籠為12元～。

DATA
交M2號線 陸家嘴站步行6分　住浦東香格里拉大酒店（→P94）內　☎(021)68828888　時11時30分～15時（週六、日為11時～）、17時30分～22時　休無　金日200元～夜300元～

南京西路周邊　MAP 別冊P14-B2

鴨王
鸭王

人氣北京烤鴨餐廳

在上海與近郊有8家分店的知名北京烤鴨餐廳，長時間慢烤嚴選鴨肉的北京烤鴨為198元，外帶為138元。

DATA
交M2、12、13號線 南京西路站步行6分　住江寧路77號　☎(021)62711717　時11～22時　休無　金日118元～夜118元～

南京東路周邊　MAP 別冊P17-C2

新雅粵菜館
新雅粤菜馆

上海數一數二的廣東菜餐廳

創業於1926年的老店，燉煮魚翅、裹上加了蜂蜜的特製醬汁的牛肋排「蜜汁叉燒」52元等為店家引以為傲的菜色。

DATA
交M1、2、8號線 人民廣場站步行5分　住南京東路719號2-6F　☎(021)63224393　時7時30分～10時30分、11～16時、17時～21時30分　休無　金日100元～夜150元～

上海市北部　MAP 別冊P2-B2

全聚德
全聚德

大啖美味的老店北京烤鴨

總店位於北京的北京烤鴨名店，用果樹木材的炭火慢烤的自選烤鴨為198元，搭配荷葉餅（外皮）等套餐要加30元。

DATA
交M13號線 江寧路站步行10分　住天目西路547號聯通國際大廈內　☎(021)63538558　時11～14時、17～21時　休無　金日150元～夜200元～

淮海中路周邊　MAP 別冊P20-B2

久久滴水洞湘菜館
久久滴水洞湘菜馆

上海湖南餐廳的先驅 刺激食慾的辛辣味獲得好評

因為是捲起湖南菜熱潮的重要角色而廣為人知的人氣餐廳。使用在湖南省洞庭湖捕獲的水產、名產臘肉製成的料理充滿了辛香料。水分較少的鐵鍋料理「乾鍋」是湖南的知名菜餚，推薦乾鍋肥腸68元～等菜色，可以一邊聽著滋滋作響的燒烤聲響一邊享用熱呼呼的食物。酸豆絞肉泥（拌炒醋漬菜豆與豬絞肉的料理）是巧妙融合酸味與辣味的逸品。

↑湖南知名菜餚「乾鍋」，也有各式各樣的鍋可以品嘗
→店內設計成古早民宅的樣式，連續好幾天都座無虛席，建議事先預約

DATA
交M1、10、12號線 陝西南路站步行5分　住茂名南路56號2F　☎(021)62532689　時11～24時　休無　金日110元～夜110元～

需事先訂位　英文版菜單　諳英語的員工

渝信川菜
南京西路周邊　MAP 別冊P6-A3
渝信川菜

大排長龍的四川菜

主廚皆來自重慶，擔擔麵5元（小），以類似扁麵的麵條搭配有辣椒味的湯汁，辣椒是直接從四川運送而來的。

DATA
交M1、2、8號線 人民廣場站步行10分　住成都北路333號 招商局廣場3F　(021)52980438　時11～14時、17～22時　休無　金日120元～　夜120元～

梅龍鎮酒家
南京西路周邊　MAP 別冊P14-B3
梅龙镇酒家

款待各國重要人士的名店

創業於1938年的四川菜餐廳，將直接從四川運來的食材調整為適合上海人的口味。推薦菜色為乾燒明蝦1尾120元。

DATA
交M2、12、13號線 南京西路站步行3分　住南京西路1081弄22號　(021)62535353　時11～21時　休無　金日100元～　夜200元～

俏江南
浦東　MAP 別冊P8-B2
俏江南

盡情享用講究的四川滋味

現代的店內裝潢與講究的口味相當受歡迎的四川菜餐廳，使用每天空運的道地食材製作的多樣料理令人食指大動。陳麻婆豆腐為48元。

DATA
交M2號線 陸家嘴站步行10分　住上海環球金融中心(SWFC)(→P20)內　(021)68776299　時11～14時、17時～21時30分　休無　金日150元～　夜200元～

功德林
南京西路　MAP 別冊P6-A3
功德林

以素食料理聞名的老店

創業於1922年的超知名素菜餐廳。提供松鼠魚厥魚中段38元等，將蔬菜或菇類做成肉或魚的藝術性料理。

DATA
交M1、2、8號線 人民廣場站步行5分　住南京西路445號　(021)63270218　時7時～9時30分(僅提供麵類)、11～15時、17～21時　休無　金日80元～　夜80元～

南蠻子
淮海中路周邊　MAP 別冊P20-B2
南蛮子

蔚為話題的時尚雲南菜

擁有許多歐美粉絲的時尚雲南菜餐廳，有干煸洋芋絲38元與椒鹽乳餅38元等，以實惠價格提供民族特色料理。

DATA
交M1、10、12號線 陝西南路站步行7分　住進賢路169號56食尚谷E區2F　(021)51575510　時11時30分～22時30分　休無　金日100元～　夜100元～

東北人
虹橋周邊　MAP 別冊P2-B3
东北人

東北地區的手工餃子

穿著旗袍的女性會出來迎接客人的到來。豬肉餡、蔬菜餡、牛肉餡等五顏六色的餃子相當受歡迎。店內裝潢也很有東北的風格。

DATA
交M2、11號線 江蘇路站車程5分　住番禺路46號　(021)52302230　時11時～14時30分、16時30分～22時(週六、日為11～22時)　休無　金日70元～　夜70元～

吉祥草素食
田子坊周邊　MAP 別冊P12-B2
吉祥草素食

品嘗宮廷風素食料理

來自宮廷菜素食部門的主廚所製作的料理，使用萃取自菇類的天然調味料，做成豆腐拌青菜醬等菜色。

DATA
交M10、13號線 新天地站步行5分　住馬當路428號2F　(021)63730288　時11～21時(14～17時為下午茶)　休週一　金日70元～　夜80元～

夏1999
衡山路周邊　MAP 別冊P2-B2
夏1999

細蘇州麵專賣店

有湯麵、乾麵、炒麵等30種以上菜色18元～。味道濃郁高雅的白湯相當有特色的黃魚煨麵38元很受歡迎。

DATA
交M3、4號線 中潭路站步行5分　住澳門路337號　(021)62995077　時11～21時　休無　金日20元～　夜124元～

德興麵館
南京東路周邊　MAP 別冊P6-B1
德兴面馆

當地色彩濃厚的老店

雖然是在商店緊密的老街中的小店，卻有長達130年的歷史，人氣屹立不搖。辛辣的瘦肉辣肉麵21元，是最受歡迎的料理。

DATA
交M2、10號線 南京東路站步行10分　住福建中路529號　(021)63602866　時6時30分～21時　休無　金日16元～　夜16元～

在吃小籠包時，要先夾起小籠包咬下一部分，吸取裡面的湯汁。之後再一口吃下小籠包的話，美味的湯汁就不會漏出來了。

其他 美食景點

在國際性都市上海裡，聚集了來自世界各地的料理。有法式、義式、民族特色菜等許多選擇，全新開幕的店家也陸續登場。中國茶與甜點也相當吸引人，在當地搭配點心享用道地的中國茶也會成為很美好的回憶。

外灘　MAP 別冊 P19-D4

米氏西餐廳
M on the Bund

視野絕佳的外灘景緻
地中海菜也備受好評

面向黃浦江那方有一塊突出去的露台，是可以從斜方俯瞰外灘的歷史性建築群呈圓弧狀排列樣貌的絕佳地點。雖然米氏西餐廳以這充滿魄力的景觀聞名，但它的料理和服務也頗受好評。菜色以地中海菜為主，午間時段的海鮮或肉類套餐很受歡迎，晚上也有提供法國菜餐點。由於大多會人滿為患，建議事先預約。店內後方也有吧台區。

↑位於前日清汽船大樓7樓，有古典卻摩登的氣氛

→備齊外觀也很賞心悅目的餐點

DATA
交M2、10號線 南京東路站步行15分　住廣東路20號 外灘5號（→P16）7F　☎(021)63509988　時11時30分～14時30分、18時～22時30分（週六・日為11時30分～15時、15～17時、18時～22時30分）　休無　金午250元～　夜600元～

外灘　MAP 別冊 P19-D2

Hakkasan

來自倫敦的廣東菜

倫敦第一家榮獲米其林肯定，並在全世界展店的創作廣東菜餐廳。附上魚子醬的北京烤鴨為1288元（1隻），還有其他添加創意的美味佳餚都很受好評。

DATA
交M2、10號線 南京東路站步行7分　住中山東一路18號 外灘18號（→P19）5F　☎(021)63215888　時11～15時、17時30分～翌日0時30分（視星期變而異）　休週一～四中午　金午300元～　夜600元～

田子坊　MAP P30-A2

蓮池印度餐廳
Lotus Land
莲池印度餐厅

品嘗道地印度菜

改裝自3層樓石庫門住宅的餐廳，餐點以南印度風味為基底，提供以講究食材製作的道地風味。咖哩為50元～。

DATA
交M9號線 打浦橋站步行3分　住泰康路274弄12號後門　☎(021)54652743　時11～23時　休無　金50元～100元～

靜安寺　MAP 別冊 P4-B4

泰廊餐廳
泰廊餐厅

兼作畫廊的泰國菜餐廳

位於靜安公園內的泰國菜餐廳，五顏六色的內部裝潢及獨特圖樣的餐具等相當有個性。蔬菜和鮮蝦等各種口味的咖哩口味很溫和。

DATA
交M2、7號線 靜安寺站步行2分　住南京西路1649號　☎(021)62179797　時11時30分～17時、17時30分～24時　休無　金午200元～　夜250元～

外灘　MAP 別冊 P7-D2

花馬天堂
Lost Heaven

以雲南菜為基礎的亞洲民族料理相當有人氣

竹子覆蓋著入口，燈光昏暗的店內擺放著東方情調的家具，充滿了彷彿闖進異國的氣氛。在2樓的餐廳可以品嘗到以雲南地區的料理為基礎，融合東南亞食材及料理方法製成的亞洲民族料理。傣族炒雞肉為68元。3樓寬廣的露天區域為吧台空間，以雲南為主題的雞尾酒為80元。

↑傣族風味的炒雞肉→瀰漫著異國情調的3樓吧台空間

DATA
交M2、10號線 南京東路站步行15分　住延安東路17號甲　☎(021)63300967　時11時30分～15時、17時30分～24時（3樓為18時～翌日1時，週五、六為～翌日2時）　休無　金午200～300元　夜200～300元

外灘　MAP 別冊 P19-D4

Jean Georges

來自紐約的知名法式餐廳

總店位於紐約的法式餐廳，可一邊觀賞外灘夜景，一邊品嘗一流料理。推薦菜色為法式鵝肝醬188元。

DATA
交M2、10號線 南京東路站步行15分　住中山東一路3號 外灘3號（→P16）4F　☎(021)63217733　時11時30分～14時30分（週六、日為～15時）、18時～22時30分　休無

 需事先訂位　英文版菜單　諳英語的員工

南京西路　MAP 別冊 P4-B4

大董海参店
大董海参店

在北京烤鴨名店品嘗極致幸福的美味

名聲遠播國內外的知名主廚：董振翔先生所開的餐廳。知名料理北京烤鴨1隻為288元。也有很多使用海參等海鮮製作的單點菜色。

DATA
交 M2、7號線 靜安寺站步行即到
住 南京西路1601號越洋廣場5F
☎ (021)32532299　時 11～22時
休 無　金 日 420元～ 夜 420元～

南京西路周邊　MAP 別冊 P4-A4

滿記甜品
满记甜品

香港味甜點人氣餐廳

基於醫食同源的思想，提供有益身體的香港味甜點的人氣連鎖餐廳。使用芒果等南國水果製作的甜點非常受歡迎。

DATA
交 M2、7號線 靜安寺站步行3分
住 萬航渡路72號A號　☎ (021)62561921
時 10～23時　休 無
金 日 15元～ 夜 15元～

豫園周邊　MAP 別冊 P7-D3

寧波湯團店
宁波汤团店

中藥甜點專賣店

以甜味恰到好處的黑芝麻餡湯圓「湯糰」聞名的店，其他還有小籠包30元等也很受到歡迎。招牌菜湯團為8個16元。

DATA
交 M10號線 豫園站步行10分
住 豫園路98號　☎ (021)63739458
時 8時30分～21時
休 無　金 日 12元～ 夜 12元～

田子坊周邊　MAP 別冊 P11-D3

宋芳茶館
宋芳茶馆

有中國風氣氛的
摩登茶館

翻修自高雅洋房的茶館。老闆娘不愧為法國女性，店內佈置得相當優雅，可以在這裡品嘗到中國各地的茗茶與直接從法國進口的花果香料茶。茶杯和茶壺等由老闆娘設計的獨創茶器也大獲好評。法式烘焙糕點「費南雪」為29元等甜點很受女性青睞。

↑高雅洋房的2、3樓為茶館
→法國茶「留尼旺」60元盛裝在可愛的餐具中

DATA
交 M1、10、12號線 陝西南路站步行10分
住 永嘉路227號甲　☎ (021)64338283　時 10～19時　休 無　金 日 80元～ 夜 80元～

淮海中路周邊　MAP 別冊 P11-C3

大可堂普洱茶館
大可堂普几洱开茶馆

在美麗洋房中享用普洱茶

改裝自政府高官的宅邸，可以品嘗到古老又珍貴的普洱茶150元（附4種茶點）。低銷為150元。

DATA
交 M1、10、12號線 陝西南站步行15分
住 襄陽南路388弄25號
☎ (021)64676577　時 10時～翌日1時
休 無　金 150元～

外灘　MAP 別冊 P3-C2

厲家菜
历家菜

佇立於湖畔公園的名店

沿用曾擔任皇帝與慈禧太后御廚的厲家食譜至今，僅提供套餐，午間套餐為480元～，晚間套餐為680元～。

DATA
交 M2、10號線 南京東路站步行15分
住 中山東路500號黃浦公園內　☎ (021)53088071　時 11時30分～14時、17時30分～21時　休 無　金 日 480元～ 夜 680元～

豫園周邊　MAP 別冊 P7-C4

老上海茶館
老上海茶馆

盡情享受古典氣氛

位於上海老街的人氣茶館，到處裝飾著縫紉機與打字機等古董。一加入熱水就會開花的花茶45元～。

DATA
交 M10號線 豫園站步行8分
住 方濱中路（上海老街）385號2F
☎ (021)53821202　時 9～21時
休 無　金 日 45元～ 夜 45元～

中國茶的飲用方法

中國茶的飲用方法與日本茶不同，在上海常喝的綠茶不需用到茶壺，一般都是將熱水注入玻璃杯飲用。據說第2～3杯是最好喝的。用有蓋子的蓋碗時，要先用單手把蓋子移開再喝。烏龍茶大多會由店家人員展現茶藝倒茶，一開始先別喝茶，要把茶倒到另一個杯子中，享受殘留的香氣，下一步才是品茶。

茶杯，再注入熱水飲用
綠茶要先把茶葉放入

中國茶有屬於綠茶的西湖龍井茶、屬於青茶的鐵觀音、烏龍茶中具代表性的大紅袍、茶葉完全發酵而成的古典美人、帶茉莉花清爽香氣的茉莉花茶等種類，在上海各種都能品嘗到。

❖ Shopping

購物

從配色絕妙的編織品到
中國風雜貨等應有盡有。
新天地和田子坊、衡山路周邊
也有許多新商店陸續開幕。

特集也要 Check!
充滿中國風又可愛
適合女孩的商品…P52
物美價廉★適合分送的伴手禮…P54

Advice

●注意華盛頓公約規範對象

在買中藥時，原料為蛇、老虎、麝香、犀牛、熊等
動物之產品，還有象牙工藝品不能帶進台灣，請小
心注意。

●付款

在國營店或大型店鋪中，買完商品就要去收銀台節
算金額。採憑發票、憑單在賣場兌換商品的機制。

●在市場議價也很有趣

從對方開價的一半金額開始死纏爛打地議價吧。假
裝要走人了也是一種方法。

雜貨 & 古董

❖

推薦色彩細緻豐富的絲
綢雜貨。古董也很受歡
迎，聚集年代久遠的古
家具也是上海相當吸引
人的一點。以令歐洲貴
族入迷的「中國風
（Chinoiserie）」為關
鍵字，許多魅力十足店
家陸續開幕。

外灘　**MAP** 別冊 P19-D4

海上青花
Blue Shanghai White
海上青花

藍色清爽又鮮豔的
青花瓷餐具與家具

店主為上海新進女性陶藝家：海
晨小姐，以自己在景德鎮的窯，
燒製描繪花草或自然的青花瓷
器，在國內外獲得很高的評價。
自古以來就受人們喜愛的白瓷配
上青花鮮豔的藍的瓷器現在也很
受歡迎，許多人會來買青花瓷的
附蓋茶碗或馬克杯、花瓶等商
品。也有販售使用白磁磚製作的
家俱。

↑店內陳列著鑲
進青花瓷磚的家
具等大型物品
→入口的門也統
一塗上藍色

DATA
🚇 M2、10號線 南京東路站步行12分
🏠 福州路17號103室　📞 (021)63230856
🕐 10時30分～18時30分　🈲 無

淮海中路周邊　**MAP** 別冊 P10-B1

毛太設計
毛太设计

毛澤東商品與琺瑯容器

上海雜貨中較創新的店家。從中
國風到毛澤東商品，到文革時期
主題的雜貨
都一應俱
全。琺瑯瓷
盤160元等很
受歡迎。

DATA
🚇 M1、7號線 常熟路站步行10分
🏠 富民路207號
📞 (021)54033551
🕐 10～19時　🈲 無

田子坊　**MAP** 別冊 P12-A3

Platane

陳列著洗練的生活雜貨
受歐美夫人歡迎的店

由居住在上海的法國夫人選貨，
販售玻璃餐具及陶瓷器等高品質
的室內雜貨的店。獨創的餐具品
項豐富，巧妙融入中式風格的簡
約設計大受好評。其他還有家居
服和寢具等許多充滿法國風範的
生活雜貨，耳環等飾品也很受歡
迎。

↑店內陳列著許多
充滿機能美感的
簡約商品

→充滿高級感覺
的金屬茶壺799元

DATA
🚇 M9號線 打浦橋站步行3分　🏠 泰康路156
號　📞 (021)64662495　🕐 10～20時（週一為
11時～）　🈲 無

CARAMEL BY OSHADAI
Caramel

有品味的小物
最適合買來當伴手禮

由家具、雜貨及首飾品牌：OSHADAI所經營的藝廊咖啡廳。以白色為基調的店內展示著店主收集來的好品味雜貨，可以一邊欣賞雜貨一邊度過咖啡時光。此外，也可以買咖啡廳中使用的雜貨。可愛的小物類商品也是伴手禮的最佳選擇。咖啡廳的菜色雖然以甜點為主，也有提供輕食。

↑陳列著可以窺見店主好品味的雜貨與小物
→小巧可愛的蛋形鍋柄隔熱套120元

DATA
交 M13號線 江寧路站步行10分
住 莫干五十號（→P79)Bldg5 201室
電 (021)62265136　時 9 ～ 18時

Haptic

簡約又古典的服飾

上海設計師經營的小精品店，堅持使用麻或棉等天然素材製作、輪廓寬鬆的服飾特別受居住在上海的歐美人歡迎。

DATA
交 M1、7號線 常熟路站步行7分
住 安福路163號甲
電 (021)54042695
時 10 ～ 20時(夏季為～21時)　休 無

麗雲閣扇莊
丽云阁扇庄

有130年歷史的扇子店

傳業於1888年的扇子專賣店，從伴手禮用（28元～）到紅木製的高級品都有，約有380種類的品項充滿了魅力。

DATA
交 M10號線 豫園站步行8分
住 豫園老路39號　電 (021)23029130
時 8時30分～21時(週五、六為～22時)
休 無

錦繡坊
锦绣坊

少數民族的華美工藝雜貨

販售居住於中國西南部的貴州的苗族、侗族等的工藝品，有華麗的衣服、刺繡商品、銀飾等，無論哪樣商品都精緻又美麗。

DATA
交 M1、10、12號線 陝西南路站步行15分　住 巨鹿路616號
電 (021)62792677
時 10時30分～ 19時　休 無

上海文物商店
上海文物商店

持續經營100年以上的國營古董店

網羅有政府認證的古董品，主要為清代以後的古玩。店內陳列著陶瓷器、書畫等，也有價格實惠的複製品。有提供送貨到台灣的服務。

DATA
交 M2、10號線 南京東路站步行10分
住 廣東路218-226號
電 (021)63214697
時 9 ～ 17時　休 無

Hu&Hu

頗受好評的古董家具

由曾在台北故宮博物院、拍賣公司蘇富比鍛鍊過鑑識眼光的胡氏姊妹經營，修復並販賣來自全國的古家具，也有販售木箱1000元～等小器物。

DATA
交 M2號線 威寧路站車程10分
住 青溪路601弄38號1樓
電 (021)34311212
時 9 ～ 17時　休 無

Art Deco
Art Deco In Shanghai

位於蔚為話題的莫干山路的古董店

莫干山路五十號（→P79）曾是年輕藝術家聚集的倉庫街，現在已經發展成上海最新潮的藝廊街。這家古董家具店，就是由知名藝術家在其中一隅開設的店，近幾年有大量買進沉眠於上海正以極快速度拆毀的古民宅中的桌椅、民生用品。也有可能會挖到意想不到的寶物，慢慢地在此瀏覽吧。

↑以1920～1930年的裝飾藝術風格家具為主
→用於書架的椅子。也可以配合高度當作摺梯用

DATA
交 M13號線 江寧路站步行10分
住 莫干山路五十號(→P79)Bldg7
電 (021)62778927　時 10 ～ 18時　休 週一

少數民族的工藝品也不可錯過。也可以看到將擅於手工藝的苗族的刺繡製品、西藏的織物等融合現代設計的作品。去看看田子坊（→P30）的手工藝品店等吧。

其他商店

在南京西路還有淮海中路一帶有海外品牌進駐的百貨公司陸續落成，服務也很優質。旗袍和絲綢製品也很受歡迎。中國茶的種類很豐富，選擇能試喝的店家去看看吧，也有許多店有販售茶具。

田子坊　MAP P30-B2

城市山民
Urban Tribe 城市山民

▊天然素材服飾

堅持使用棉或亞麻等天然素材製作的服飾相當有人氣，設計也很獨特，從天然石飾品到茶器都一應俱全。

DATA
M9號線 打浦橋站步行3分
泰康路248弄14號
(021)54651668
10～22時 休無

田子坊　MAP P30-B2

嫵
Woo 嫵

▊推薦喀什米爾羊毛披肩

絲巾與披肩專賣店。有喀什米爾羊毛、帕什米納羊絨、絲綢等100種原創品項，新推出的披肩為138～80000元。

DATA
M9號線 打浦橋站步行3分
泰康路210弄7號12室
(021)64457516
9～22時 休無

淮海中路周邊　MAP 別冊P20-B4

福茗堂茶莊
福茗堂茶庄

▊高級茶葉齊聚一堂

在香港打響名號的知名茶葉店分店。福茗堂茶莊在中國國內擁有自己的茶田，以傳統工法製作的茗茶吸引客人前來。店內環境明亮寬闊。

DATA
M1、10、12號線 陝西南路站步行1分　iapm（→P39）4F
(021)65291117（總機）
10～23時 休無

豫園周邊　MAP 別冊P7-D3

王大隆刀剪店
王大隆刀剪店

▊創業200年的刀具店

創業於清代中期1798年的刀具專賣店，從家用指甲剪或刮鬍刀，到專業用菜刀都有販售，豐富多樣的商品一網打盡。

DATA
M10號線 豫園站步行8分
豫園老路28號
(021)23029146
8時30分～21時

南京西路　MAP 別冊P14-B2

LeSportsac

▊尋找中國限定商品

LeSportsac輕便又堅固的設計在台灣也很受歡迎，有各式各樣花紋的包包與小配件，品項豐富，最適合買來當伴手禮。位於梅龍鎮伊勢丹裡，交通很方便。

DATA
M2、12、13號線 南京西路站步行3分　梅龍鎮伊勢丹（→P88）3F　(021)62721111（總機）
10～22時

南京西路　MAP 別冊P14-B2

梅龍鎮伊勢丹
梅龙镇伊势丹

▊日式服務很受歡迎

高挑設計的館內1樓販售化妝品，2樓則是鞋子和包包。1樓也有外國品牌專櫃。

DATA
M2、12、13號線 南京西路站步行3分　南京西路1038號
(021)62721111
10～22時 休無

淮海中路周邊　MAP 別冊P20-B2

上海三越
上海三越

▊以實惠價格購買高品質喀什米爾羊毛

喀什米爾羊毛與絲綢製品頗受好評，毛衣價格相當划算。也有販售亞洲雜貨與茶器等。

DATA
M1、10、12號線 陝西南路站步行5分　花園飯店上海（→P97）
(021)64151111
8～22時 休無

浦東　MAP 別冊P8-A1

正大廣場
正大广场

▊在浦東購物就要來這裡

10層樓高的購物中心內有UNIQLO、H&M等品牌進駐，也設有超市和書店。位於高樓層的餐廳景觀絕佳。

DATA
M2號線 陸家嘴站步行2分
陸家嘴西路168號
(021)18458887
10～22時 休無

南京東路周邊　MAP 別冊P17-C3

來福士廣場
来福士广场

來自新加坡的複合設施

1樓設有海外的人氣品牌專櫃，2樓則陳列適合年輕人的時尚精品，也有美髮沙龍和餐廳、電影院等。

DATA
交M1、2、8號線 人民廣場站步行即到
住西藏中路268號
電(021)63403333
時10～22時　休無

南京西路　MAP 別冊P14-B3

中信富泰廣場
中信泰富广场

名牌店等80家店鋪齊聚一堂

聚集Max Mara、亞曼尼等世界名牌的購物廣場，地下1樓的星巴克是休息的好去處。

DATA
交M2、12、13號線 南京西路站步行7分
住南京西路1168號
電(021)62180180
時10～22時　休無

南京西路　MAP 別冊P14-A3

恒隆廣場(Plaza66)
恒隆广场

引領上海流行

當地名流喜愛光顧的購物中心。1～2樓齊聚迪奧、思琳等名牌，3～4樓內也有中國品牌。

DATA
交M2、12、13號線 南京西路站步行10分
住南京西路1266號
電(021)22251800
時10～22時　休無

南京東路周邊　MAP 別冊P6-B2

上海書城
上海书城

到7樓都是販售書籍的百貨

為大型書店，在1樓右手邊售有各種地圖與觀光導覽書。2樓設有星巴克，是方便休息的好場所。

DATA
交M1、2、8號線 人民廣場站步行7分
住福州路465號
電(021)63522222　時9時30分～21時　休無

淮海中路　MAP 別冊P21-D2

敘友茶莊
叙友茶庄

沉浸在中國茶的世界中
創業於1951年的老店

在上海市內開了9家分店的中國茶與茶器名店。以獨特工法系統保存嚴選自全中國的茶葉，現在有200種以上的中國茶品項。也有販售野香茶50g 55元等獨創茶葉，可以試喝邊選購，令人安心。除了圖樣有趣的景德鎮製蓋碗（附蓋子的茶杯）、宜興產的茶壺外，還售有許多店家自創商品。

↑在擺設豪華的店內陳列著各式各樣的茶葉
→茶葉裝在顏色繽紛的盒子裡，也很適合當伴手禮

DATA
交M13號線 淮海中路站步行5分
住淮海中路605號　電(021)53062258
時9～21時　休無

豫園周邊　MAP 別冊P7-D3

茗茶暗訪
茗茶暗访

推薦給重視包裝的朋友

販售茶葉帶有花香的調味茶專賣店，有玫瑰紅茶25元等種類相當豐富。適合當伴手禮買回去分送親朋好友。

DATA
交豫園入口步行3分
住方浜中路265號6號
電(021)23029466
時9～21時　休無

靜安寺　MAP 別冊P4-B3

天福茗茶
天福茗茶

由大型中國茶製造商經營

在全世界開了1400家分店，從茶葉生產到普及茶文化皆有涉略。有鐵觀音44元～／100g等300種以上茶品，也有提供試喝。

DATA
交M2、7號線 靜安寺站步行2分
住愚園樂路68號 晶晶購物中心LG1展10室
電(021)62168510
時10～22時　休無

虹橋周邊　MAP 別冊P2-B3

天山茶城
天山茶城

位於大樓中的茶葉批發區

備有各種中國茶，1樓為茶葉，2樓為茶葉與茶器，3樓則售有古董茶器。茶葉從少量開始販售，一個人來購買也很方便。

DATA
交M3、4號線 延安西路站步行10分
住中山西路518號
電(021)62599999
時8時30分～20時30分　休無

LeSportsac除了在梅龍鎮伊勢丹（→P88，MAP／別冊P14-B2）有分店外，也有在太平洋百貨（MAP／別冊P3-C2）、東方商廈（MAP／別冊P16-B2）展店。

Beauty&Night Spot

美容保養&夜間娛樂

上海也有沙龍天國之稱，從專門店鋪到飯店設施都有提供至高無上的療癒享受。夜晚可以欣賞知名的爵士樂現場表演，或是觀賞感動人心的上海雜技也不錯。

特集也要 Check!
舒適的SPA&按摩⋯P56
夜間知名景點就是這裡!⋯P60

Advice

●店鋪種類與選擇方式

飯店內的SPA設施或是國外外派人員也有光顧的店比較令人安心。在夜間娛樂景點中，有些店家在一些時段會有現場樂團演奏，需要事先確認。

●著裝規定

雖然沒有特別規定，但去高級俱樂部等場所時，還是要留心一下，穿著不會破壞氣氛的衣服。

●詢問飯店的接待人員

為了避免沒有技術的按摩店或價格過度昂貴的夜間景點，先洽詢飯店接待人員也是一個方法。

按摩&SPA

有進駐高級飯店的世界級SPA，以及結合東洋醫學與最新方法、可以輕鬆造訪的按摩店等各式各樣的美容景點。能配合自己的需求去選擇也是上海吸引人的地方。

人民廣場周邊　MAP 別冊P6-A3

伊都按摩
伊都按摩

位於市內中心的好地段
包廂完備

位於上海大劇院前的辦公大樓內，是間具有優雅風情的店鋪。使用芳香精油的按摩頗受好評，足部按摩、全身按摩皆為60分188元～。其中最推薦的是從腳尖到大腿都確實按揉的足部SPA 188元～（70分）。店內總共有16間包廂，可以在此悠閒接受按摩也是受歡迎的秘訣。

↑總共有16間包廂
➡服務的評價也很好

DATA
🚇M1、2、8號線　人民廣場站步行7分
🏠黃陂北路227號中區廣場1F 106單元
📞(021)63863101　🕙10～24時　休無

淮海中路周邊　MAP 別冊P6-B4

佰草集 漢方SPA
佰草集 漢方SPA

以中國傳統方法
漢方美容放鬆

以「用漢方的力量變美麗」為概念，販售混合藥草或天然植物成分的美妝品牌：佰草集直營的美容沙龍。這裡提供了許多使用該公司商品及中國傳統方法的美容療程，人氣療程有以融合漢方的植物油給予肌膚活力、提高保濕力的盈潤保濕至要580元／60分，臻白玉肌至要880元／60分等。

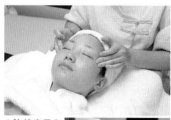
↑臉部療程有10種以上。眼部周圍護理為30分480元～
➡使用佰草集自創商品

DATA
🚇M8號線 大世界站步行5分
🏠西藏南路288號永銀大廈6F
📞(021)63855050　🕙10～22時　休無

南京西路周邊　MAP 別冊P14-A2

艾維庭美容纖體SPA
Ever Lasting Spa
艾維庭

芳香療法的先驅

上海最早引入芳香療法的人氣SPA，中式推拿158元／60分為最受歡迎的療程，其他共有54種療程。

DATA
🚇M2、12、13號線 南京西路站步行10分 🏠陝西北路380號
📞(021)62183079
🕙10～22時　休無

　📅需事先訂位　📖英文版目錄　💬諳英語的員工

虹橋周邊
MAP 別冊 P2-A3

雅
雅

以令人安心服務為傲

由日本人經營的按摩店，從預約到施術的過程中基本上也可以用中文溝通。腳底按摩為95元～（60分）、全身按摩為95元（60分）。

DATA
🚇M10號線 水城路站車程5分
🏠古北黃金城道863號
📞(021)62192232
🕐11時～翌1時 ⦸無

南京西路
MAP 別冊 P14-B2

感智盲人按摩養生堂
感智盲人按摩养生堂

探尋精確位置的指尖

很整潔的盲人按摩店，不過並非全部的員工皆是盲人，先跟店方提出自己的需求吧。推薦足部按摩60分98元。

DATA
🚇M2、12、13號線 南京西路站步行7分 🏠北京西路1065號-1
📞(021)52287621
🕐10時～翌1時 ⦸無

南京西路周邊
MAP 別冊 P10-B1

府邸推拿足道
府邸推拿足道

豐富的療程相當吸引人

因為能在包廂中度過優雅時光而受歡迎。除了按摩，還有美甲與足部護理等種類豐富的療程。

DATA
🚇M2、7號線 靜安寺站步行4分
🏠巨鹿路768號2F
📞(021)62566511 🕐11時～翌2時
⦸無

外灘
MAP 別冊 P7-C2

悅榕庄
Banyan Tree Spa
悦榕庄

融合泰國美容與五行思想的獨創療程

來自普吉島的人氣SPA，使用泰國的美容素材，以中國五行思想（木、火、土、金、水為萬物根源的思想）為基礎，推出全新概念療程。由泰國治療師施術，有益身心的全面性療法相當有獨創性。五行面部護理療程1080元／90分，以及全身按摩880元／60分為很受歡迎的療程。

↑只使用自古以來效果就有獲得認證的芳香精油、香草與香料
→備有13間包廂

DATA
🚇M10號線 豫園站步行5分
🏠上海威斯汀大飯店（→P96）3F
📞(021)63351888（内線7271）
🕐10時～22時30分 ⦸無

浦東
MAP 別冊 P9-C2

古都梅
古都梅

以實惠價格享受按摩

店內裝潢有日式風格，有很多日本外派人員來光顧。按摩為60分鐘全身130元、腳底130元。使用槌子來施術的腳底按摩很有特色。

DATA
🚇M2號線 東昌路站步行3分
🏠東昌路565號院內
📞(021)58888812
🕐10～24時 ⦸無

淮海中路周邊
MAP 別冊 P20-A3

悠庭保健會所
Dragonfly
悠庭保健会所

在許多歐美人士都會來造訪的豪華沙龍中按摩

改裝自6層樓高的古民宅。店內配置古董家具及中國獨特的花窗，可以在沉靜的燈光中藉由冥想、按摩、天然香草療法來調整身心。療程內容相當豐富，以6種按摩為主，有7種組合療程、8種套裝療程可以選擇。香精油壓按摩為318元／60分。

↑有附淋浴室的包廂。中式指壓為情侶兩人856元
→也有足部按摩60分188元等

DATA
🚇M1、10、12號線 陝西南路站步行5分
🏠新東路206號 📞(021)54039982
🕐10時～翌2時 ⦸無

淮海中路周邊
MAP 別冊 P21-C4

香扇閣
香扇阁

人氣按摩「貴妃四手」

在讓人聯想到古代中國的店內，有提供傳統按摩服務。由2人1組同時實施按摩的「貴妃四手」頗受好評，費用為490元／90分。

DATA
🚇M1、10、12號線 陝西南路站步行3分 🏠瑞金二路87-89號
📞(021)63853130
🕐11時～翌日1時 ⦸無

 上海的高級飯店正掀起SPA熱潮。除了上述的店家外，🏨上海希爾頓酒店（MAP／別冊P10-B1）、🏨上海四季酒店（→P96）、🏨上海金茂君悅酒店（→P96）等，也有準備令人陶醉的療癒空間。

夜間娛樂

❖

在南京東路與外灘、開發較進步的浦東、外國租界內的衡山路等地方有許多時髦的夜間景點。不僅可看到國際都市才有的現場爵士樂演出，也去看看傳統技藝「京劇」和上海雜技當作旅遊的紀念。

人民廣場周邊　**MAP** 別冊 P16-A4

芭芭露莎
Barbarossa Lounge

人民公園內的異國咖啡廳兼酒吧

佇立於上海正中央的人民公園（→P78）的池畔，宛如伊斯蘭宮殿般的倒影映照在水面上。店內裝飾著阿拉伯風的水瓶與燈飾，有許多拱門設計的裝潢充滿異國氣氛。1樓和2樓為有舒適沙發的休息室，中午時段也可以當作咖啡廳使用，夜晚則可以一面飲酒一面悠閒度過。雞尾酒有「莫吉多」78元，「大都會」78元。

↑內部採阿拉伯風設計的夜間景點
→建議在公園散步時順道來訪。平日午餐為58元～

DATA
🚇Ⓜ1、2、8號線 人民廣場站步行5分　🏠南京西路231號 人民公園內　☎(021)63180220　🕐11～23時(2樓為17時～翌日2時)　休無

浦東　**MAP** 別冊 P8-A2

翡翠36酒吧
Jade on 36 bar

如翡翠寶石盒般的酒吧

位於🏨浦東香格里拉大酒店最高樓層，店內以綠色及紅色為主的設計相當詭異卻美麗。酒吧正前方就可以看到東方明珠，除了各類雞尾酒外洋酒品項也很豐富。

DATA

🚇Ⓜ2號線 陸家嘴站步行5分　🏠浦東香格里拉大酒店(→P94)36F　☎(021)68828888　🕐11時30分～13時30分(週日為～15時)、17～22時　休無

外灘　**MAP** 別冊 P19-D4

藍調爵士花園酒吧
House of Blues & Jazz

高水準的爵士樂演奏表演

上海首屈一指的知名爵士酒吧，使用外灘中建於1910年的建築物做為店面。每天都有爵士樂現場表演，表演時間為21時30分～翌日0時45分(週五、六為22時30分～翌日1時30分)。

DATA
🚇Ⓜ2、10號線 南京東路步行12分　🏠福州路60號　☎(021)63232779　🕐16時30分～翌2時30分　休週一　💰入場費50元(僅週五、六)

淮海中路周邊　**MAP** 別冊 P21-C3

陰陽Club
阴阳Club

在老字號俱樂部中盡情享受夜晚

從1996年開始營業的俱樂部，有30種以上雞尾酒50元起，也有提供咖啡等。最受歡迎的下酒菜是餛飩。

DATA
🚇Ⓜ13號線 淮海中路站步行3分　🏠南昌路125號　☎(021)64664098　🕐18時～翌4時　休無

浦東　**MAP** 別冊 P8-A1

AURA大堂酒廊及爵士吧
Aura Lounge & Jazz Bar

沉醉在爵士樂與夜景之中

位於🏨上海浦東麗思卡爾頓酒店52樓，可以一邊喝酒一邊欣賞極美景色。每晚20時30分～23時30分(週五、六為～翌日0時30分)有爵士樂現場表演。

DATA
🚇Ⓜ2號線 陸家嘴站步行1分　🏠世紀大道8號　🏨上海浦東麗思卡爾頓酒店52F　☎(021)20201717　🕐9時30分～翌0時30分　休無

新天地周邊　**MAP** P34-A2

CJW
爵士酒吧

在可以悠閒放鬆的酒吧中享受聽著爵士樂的成熟時光

CJW為雪茄(Cigar)、爵士(Jazz)和洋酒(Wine)的意思，可在酒吧中欣賞由歐美樂團帶來的爵士樂現場表演。招牌酒90～95元，雞尾酒為90元～(20時以後為110元～)。開店後到20時為歡樂優惠時光，舉凡啤酒或招牌酒、琴通寧、螺絲起子等雞尾酒，皆買一送一。1樓舞台的現場表演為每天20時50分～翌日0時20分(週五、六為21時～翌日1時15分)。

↑充滿魄力的道地爵士樂現場表演
→店前設有露台座位，2樓則有配置沙發

DATA
🚇Ⓜ1號線 黃陂南路站或Ⓜ10、13號線 新天地步行5分　🏠興業路123弄2號4單元　☎(021)63856677　🕐11時～翌2時(晚餐為17時30分～22時)　休無

外灘 MAP 別冊 P19-D4

華爾道夫酒店廊吧
Long Bar
华尔道夫酒店廊吧

瀰漫老上海氣氛的酒吧

忠實重現曾位於往昔上海俱樂部中的酒吧，古典的酒吧內極有氣氛。雞尾酒為98元～。

DATA
🚇M2、10號線 南京東路步行15分
🏠上海外灘華爾道夫酒店(→P95)大堂樓層 ☎(021)63229988 🕐17時～翌1時(週日為14時～) 休無

浦東 MAP 別冊 P8-A2

寶萊納餐廳(陸家嘴店)
Paulaner Bräuhaus

用湖畔美景與啤酒乾杯

店內就正對外灘的歷史建築群，此極緻美景為餐廳的賣點。該餐廳由慕尼黑老字號啤酒公司經營，自家釀造的黑、白、黃啤酒這3種各為68元～(0.3ℓ)。

DATA
🚇M2號線 陸家嘴站步行7分
🏠富江大道濱江風光亭 ☎(021)68883935 🕐11時～翌1時(週五、六為～翌日2時) 休無

衡山路周邊 MAP 別冊 P2-B3

Avenue

景觀絕佳的酒吧

一覽徐家匯公園的時尚酒吧。店內氣氛休閒，可俯瞰徐家匯公園的露台座位相當受歡迎。也有牛肉漢堡65元～等輕食。

DATA
🚇M1、9、11號線 徐家匯站步行5分
🏠衡山路844號 ☎(021)64410126 🕐11時～翌日1時(週五～日為～翌日2時) 休無

人民廣場周邊 MAP 別冊 P6-A3

上海大劇院
上海大剧院

演出歌劇或芭蕾的舞台

有容納1800人的大劇場、550人的中劇場、250人的小劇場，也有世界級的藝術家在此演出。票務中心為9～20時。

DATA
🚇M1、2、8號線 人民廣場站步行1分
🏠人民廣場300號 ☎(021)63868686
※預約票券為4001068686
🕐依演出項目而異 休不定休

南京西路 MAP 別冊 P14-A4

上海商城劇院
上海商城剧院

連續使出高難度技巧！

因是上海雜技團的據點而聚集人氣的劇場，頭上頂著碗的特技「頂碗」等展現超凡技巧與喜劇藝術。

DATA
🚇M2、7號線 靜安寺站步行7分
🏠南京西路1376號上海商城內
☎(021)62797132 🕐19時30分～21時 休不定休 ¥80～300元

上海市南部 MAP 別冊 P2-B3

宛平劇院
宛平剧院

令人目不轉睛的傳統雜技

如歐洲建築的外觀令人印象深刻。一舉網羅空中飛人、人體軟骨功等傳統演出項目，其中「夢幻東方」更是令觀眾沉醉。

DATA
🚇M4、7號線 東安路站步行約10分
🏠中山南二路859號 ☎(021)64298008
🕐19時30分～21時 休公演為不定期上演，需事先確認 ¥40～300元

上海市北部 MAP 別冊 P2-B1

上海馬戲城
上海马戏城

令全世界讚嘆的精彩演出不斷上演

上海雜技團會在此演出的大型劇場。雖然最受歡迎的是全新演出項目，但軟骨功和令人屏息的技藝本身就有很大的魅力。

DATA
🚇M1號線 上海馬戲城站步行1分
🏠共和新路2266號
☎(021)66525468 🕐19時30分～21時10分(週六、日的14時～15時30分也有營業) 休不定休 ¥120～600元

人民廣場周邊 MAP 別冊 P17-C4

天蟾逸夫舞台
天蟾逸夫舞台

想看傳統京劇就要來這裡

創設於1912年，為上海最古老的京劇舞台。有「沒來過這裡演出的演員都稱不上名演員」之說，名演員梅蘭芳也曾在此演出。

DATA
🚇M1、2、8號線 人民廣場站步行5分
🏠福州路701號
🕐視公演而異
休不定休 ¥50元～

田子坊 MAP 別冊 P12-A3

開巴
開巴

在寧靜的露台座位上休息一下

位於泰康庭2樓的啤酒餐廳，以比利時產的啤酒為主提供種類豐富的酒品。經典漢堡為68元。白天是咖啡廳。

DATA
🚇M9號線 打浦橋站步行5分
🏠建國中路169號泰康庭2F
(021)64182252 🕐11時～翌日2時(週六、日的早午餐為11時30分～15時) 休無

從上海中心大廈(上海塔)(→P20)、上海環球金融中心(SWFC)(→P20)、東方明珠(→P21)與金茂大廈(→P21)的瞭望台可以一覽全景。特別是遍布著點點燈光的城市夜景就彷彿童話國度一般。

飯店

改裝自古早洋房又有氣氛的飯店、
以頂級服務自豪的高級飯店,
以及最便利又省錢的飯店等,
有各種種類供選擇。

特集也要 Check!
上海外灘
華爾道夫大酒店…P16
和平飯店…P18

Advice

●飯店分級
國家旅遊局(觀光局)根據飯店等級將飯店分成一
~五星級,而五星級之上還有白金五星,總共六種
等級。

●入住手續
向飯店出示護照和台胞證後,填寫住宿登記表。通
常會將現金或信用卡登記為訂金,在退房時再結算
費用。

●小費
基本上不需要小費。

頂級飯店

❖ 為五星級的飯店,高品
質與周到的接待服務讓
旅客享受頂級的飯店生
活。五星級飯店的特色
是SPA與健身房、游泳
池等設施都很完善,也
設有許多人氣餐廳或咖
啡廳、商店。

浦東　MAP 別冊 P8-A2

浦東香格里拉大酒店
Pudong Shangri-La, Shanghai
浦东香格里拉大酒店

有出眾景觀的河濱飯店

36層樓高的新館二座比本館更可
以享受俯瞰黃浦江與外灘、浦東
景緻的樂趣。也有可以一邊躺在
床上或泡在浴缸中,一邊觀賞景
觀的客房。飯店設施也很完善,
特別以範圍擴及一整層樓的奢侈
「氣」Spa為傲。另外還設有和
食餐廳「灘萬」以及現代雜貨店
「上海灘」等,本館內也有廣東
餐廳「家全七福」設店等,可以
在此度過舒適的飯店生活。

↑可以從床上觀
賞夜景的「外灘
全景超豪華客
房」
→從36樓的酒吧
可以就近看到東
方明珠塔

DATA
交M2號線 陸家嘴站步行6分　住富城路33
號　☎(021)68828888　金§T1866元~
952間　★★★★★

浦東　MAP 別冊 P9-D3

上海錦江湯臣洲際大酒店
Inter-Continental Pudong Shanghai
上海锦江汤臣洲际大酒店

最適合用於商務用途

離車站近,也很便於觀光。飯店
最引以為傲
的3樓中庭空
有著令人放
鬆的氛圍。

DATA
交M9號線 商城路站步行5分
住張揚路777號
☎(021)58356666　金§T1280元~
398間　★★★★★

浦東　MAP 別冊 P8-B2

上海金茂君悅大酒店
Grand Hyatt Shanghai
上海金茂君悦大酒店

以景觀為傲的摩天大樓飯店

88層樓高的建築中的53~87樓
內有客房。
寬敞的客房
融合了現代
西洋風與中
國風格。

DATA
交M2號線 陸家嘴站步行5分
住世紀大道88號 金茂大廈(→P21)內
☎(021)50491234　金§T1500元~
555間　★★★★★

浦東　MAP 別冊 P3-D3

上海浦東喜樂登自由大酒店
Sheraton Grand Shanghai Pudong Hotel & Residences
喜来登自由酒店

以自然為主題的安穩空間

由飯店樓與公寓樓構成,餐廳與
飯店圍繞住
低樓層的中
庭。

DATA
交M4號線 塘橋站步行1分　住浦建
路38號　☎(021)50899999
金§T900元~　525間
★★★★★

語英語的員工　餐廳　泳池　健身房

浦東 MAP 別冊P8-B2
上海柏悅酒店
Park Hyatt Shanghai
上海柏悦酒店

▎在超高層飯店裡於高空中休憩

位於上海環球金融中心的79〜93樓，大廳位於87樓。從客房可以一覽浦東全景，也使用附有最新機能的設備。

DATA
交 M2號線 陸家嘴站步行7分
住 上海環球金融中心(SWFC)(→P20)內
電 (021)68881234 金 ⑤①2800元〜
174間 ★★★★★

浦東 MAP 別冊P3-D2
上海淳大萬麗酒店
Renaissance Shanghai Pudong Hotel
上海淳大万丽酒店

▎到浦東國際機場的交通相當便利

從磁浮地鐵車站步行15分即可到達。全客房皆可連網，內部裝潢融合了中國與西洋風格。

DATA
交 M9號線 楊高中路站步行5分
住 長柳路100號 電 (021)38714888
金 ⑤①950元〜 370間
★★★★★

外灘周邊 MAP 別冊P3-C2

上海外灘茂悅大酒店
Hyatt on the Bund
上海外滩茂悦大酒店

▎全客房皆可觀賞河景且景觀出眾

面向黃浦江設有東、西兩座塔樓，平面液晶電視等用品完備。館內設備也很充實。

DATA
交 M12號線 國際客運中心站步行8分
住 黃浦路199號
電 (021)63931234 金 ⑤①1500元〜
620間 ★★★★★

外灘 MAP 別冊P19-D4
上海外灘華爾道夫大酒店
Waldorf Astoria Shanghai on the Bund
上海外滩华尔道夫大酒店

▎外觀也煥然一新
▎外灘的古典飯店

首次進軍東亞的希爾頓飯店系列，在外灘開設了最高級飯店。飯店建築為翻新建於1910年的前上海總會建築，由全客房皆為大套房的本館「Waldorf Astoria Club」以及全新塔樓構成。從館內設施到衛浴用品，皆能讓旅客享受到至高無上的服務。

⬆本館大套房中的起居室裝潢很優雅
➡仍保持著歷史悠久的洋房風情

DATA
交 M2、10號線 南京東路站步行12分
住 中山東一路2號 電 (021)63219888
金 ⑤①2500元〜 260間 ★★★★★

外灘 MAP 別冊P19-D2
和平飯店
Fairmont Peace Hotel
和平饭店

▎外灘的名門飯店重獲新生

曾為外灘地標的和平飯店重新開張，古典浴缸與別出心裁的客房等十分有氣氛。

DATA
交 M2、10號線 南京東路站步行5分
住 南京東路20號
電 (021)63216888 金 ⑤①2200元〜
270間 ★★★★★

外灘 MAP 別冊P7-C1
上海半島飯店
The Peninsula Shanghai
上海半岛饭店

▎佇立於外灘的江畔
▎香港系名門飯店

為佇立於外灘北邊的飯店，雄厚的裝飾性藝術風格外觀，與歷史性建築林立的外灘景緻非常相襯。名門飯店獨有的周到服務頗受好評，還有販售國外品牌的購物商場、半島水療中心的SPA服務。

⬆大套房中的臥室統一成裝飾藝術風格
➡會有光線從天窗流洩進來的25m正統室內游泳池

DATA
交 M2、10號線 南京東路站步行12分
住 中山東一路32號 電 (021)23272888
金 ⑤①2650元〜 235間 ★★★★★

外灘 MAP 別冊P8-A3
上海外灘英迪格酒店
Hotel Indigo Shanghai on the Bund
上海外滩英迪格酒店

▎可以看到浦東夜景的飯店

亞洲第一間英迪格酒店旗下的飯店。離豫園很近，是觀光和購物的最佳地點。

DATA
交 M10號線 豫園站步行10分
住 中山東二路585號
電 (021)33029999 金 ⑤①1500元〜
184間 ★★★★★

自2009年秋天 H上海半島飯店(→P95)開幕起，第二間飯店 H上海波思特曼麗思爾頓酒店等飯店也開幕了。H和平飯店(→P95)也重新翻修。

南京東路周邊　MAP 別冊 P7-C2

上海威斯汀大飯店
The Westin Bund Center Shanghai
上海威斯汀大饭店

鳳梨型的高塔是標識

塔樓棟有許多房間皆可欣賞到外灘的絕美景色，頗受觀光客好評。義大利與亞洲菜餐廳的選擇也很豐富。

DATA
交Ⓜ10號線 豫園站步行5分
住河南中路88號
✆(021)63351888　金ⓈⓉ1800元～
559間 ★★★★★

南京東路周邊　MAP 別冊 P7-C2

中福世福匯大酒店
Salvo Hotel Shanghai
中福世福汇大酒店

最適合作為商業據點

距離南京東路和外灘、豫園相當近，不僅適合商務用途，也是作為觀光據點的最佳選擇。客房相當寬敞。

DATA
交Ⓜ10號線 豫園站步行8分
住廣東路路339號　✆(021)53524888
金ⓈⓉ556元～　125間
★★★★★

南京東路　MAP 別冊 P17-C2

上海世茂皇家艾美酒店
Le Royal Meridien Shanghai
上海世茂皇家艾美酒店

地點絕佳的時髦飯店

位於南京東路，也有很多人為了商務用途入住。從最小面積也有38㎡的客房可以看到租界的燈光景色。

DATA

交Ⓜ1、2、8號線 人民廣場站步行1分
住南京東路789號
✆(021)33189999　金ⓈⓉ1166元～
761間 ★★★★★

南京西路周邊　MAP 別冊 P16-B1

上海雅居樂萬豪酒店
Shanghai Marriot Hotel City Center
上海雅居乐万豪酒店

最接近鬧區
萬豪國際集團的新面孔

上海第4間萬豪國際集團的飯店，坐落在離人民廣場很近的地點。37層樓高的飯店無論從哪裡看都很顯眼，不管去哪裡都能順暢地移動。客房雖然有留意到商務用途，但以優雅的家具整理成高品質的空間，可以在此悠閒地度過。飯店內有日本料理餐廳等5家餐廳及休息室入駐。

↑入口大廳巧妙運用曲線營造優雅氛圍　→統整成高雅色調的豪華特大雙床房

DATA
交Ⓜ1、2、8號線 人民廣場站步行3分
住西藏中路555號　✆(021)23129888
金ⓈⓉ1148元～　720間 ★★★★★

南京西路周邊　MAP 別冊 P16-A4

上海明天廣場JW萬豪酒店
JW Marriott Hotel Shanghai
上海明天广场ＪＷ万豪酒店

從高樓層眺望到的景色絕佳

60層樓建的大樓中，38～60樓為飯店。客房相當舒適，飯店人員的服務也很好。

DATA

交Ⓜ1、2、8號線 人民廣場站步行5分
住南京西路399號 明天廣場
✆(021)53594969　金ⓈⓉ1854元～
342間 ★★★★★

南京西路　MAP 別冊 P14-A4

上海波思特曼麗思爾頓酒店
The Portman Ritz-Carlton Shanghai
上海波思特曼丽思尔顿酒店

不用走出門，即可觀賞雜技或購物

五星級飯店位在有雜技劇場的上海商城內，腹地內設有許多餐廳。

DATA
交Ⓜ2、7號線 靜安寺站步行8分
住南京西路1376號 上海商城內
✆(021)62798888　金ⓈⓉ1340元～
610間

南京西路周邊　MAP 別冊 P15-D3

上海四季酒店
Four Seasons Hotel Shanghai
上海四季酒店

頂級的放鬆享受

設有大理石浴室，也可以上網。附設中式餐廳「四季軒」與日本料理「新太郎」。

DATA
交Ⓜ2、12、13號線 南京西路站步行5分
住威海路500號
✆(021)62568888　金ⓈⓉ1348元～
422間

南京西路　MAP 別冊 P16-B2

上海新世紀世界麗笙大酒店
Radisson Hotel Shanghai New World
上海新世纪世界丽笙大酒店

地點絕佳的時髦飯店

就在人民廣場前，地點絕佳。由9層樓與47層樓兩座塔樓構成，客房也很整潔。

DATA
交Ⓜ1、2、8號線 人民廣場站步行即到
住南京西路88號　✆(021)63599999
金ⓈⓉ1150元～　520間
★★★★★

🅔 諳英語的員工　🍴 餐廳　🏊 泳池　🏋 健身房

上海錦滄文華大酒店
Shanghai JC Mandarin Hotel
上海锦沧文华大酒店

▍繼承老字號飯店

裝飾在大廳中的鄭和下西洋壁畫
相當壯觀。客
房色調以米色
為基礎，營造
出沉靜的氣
氛。

DATA........... ⒺⅢ≋⚐
🚇Ⓜ2、12、13號線 南京西路站步行7分
🏠南京西路1225號
📞(021)62791888 💰Ⓢ1656元～
☎2001元～ 514間 ★★★★★

上海宏安瑞士大酒店
SwissHotel Grand Shanghai
上海宏安瑞士大酒店

▍靠近車站，購物的最佳地點

從靜安寺站步行5分鐘即可到達，立地
良好。不但距離
嘉里中心和恒隆
廣場很近，現代
風格的客房也很
受歡迎。

DATA........... ⒺⅢ≋⚐
🚇Ⓜ2、7號線 靜安寺站步行5分
🏠愚園路1號 📞(021)53559898
💰ⓈⓉ1786元～ 467間
★★★★★

上海卓美亞喜瑪拉雅酒店
Jumeirah Himalayas Hotel Shanghai
上海卓美亚喜玛拉雅酒店

▍摩登X東方風格的飯店

據點位於杜拜的超高級飯店首次
進軍亞洲。全
客房皆為40
㎡以上的寬敞
空間，可以在
此放鬆休息。

DATA........... ⒺⅢ≋⚐
🚇Ⓜ7號線 花木路站步行1分 🏠浦東
梅花路1108號 📞(021)38580888
💰Ⓢ1688元～ ☎1888元～ 401間
★★★★★

花園飯店上海
Okura Garden Hotel Shanghai
花园饭店上海

▍殘留租界時代樣貌的
花園飯店

33層樓高的老牌飯店，建築設
計參考巴洛克樣式的前法國總會
建築與庭園。占地33萬㎡的廣
大庭園中，有時也會看到穿著婚
紗的新娘。飯店內設有廣東菜餐
廳「白玉蘭」、日本料理餐廳
「山里」等各國餐廳。

↑大廳位於前法
國總會建築2樓
→氛圍沉靜的標
準客房

DATA................... ⒺⅢ≋⚐
🚇Ⓜ1、10、12號線 陝西南路站步行3分
🏠茂名南路58號 📞(021)64151111
💰ⓈⓉ1156元～ 471間 ★★★★★

上海豫園萬麗酒店
Renaissance Shanghai Yu garden Hotel
上海豫园万丽酒店

▍可以一覽豫園與浦東的地點

休閒的氣氛頗受好評，從大廳窗

口與客房都
可以俯瞰豫
園商城。

DATA........... ⒺⅢ≋⚐
🚇Ⓜ10號線 豫園站步行1分
🏠河南南路159號 📞(021)23218888
💰ⓈⓉ1027元～ 340間
★★★★★

錦江飯店
Jinjiang Hotel
锦江饭店

▍曾經接來多重要人士的名門飯店

曾迎接美國尼克森前總統等重要
賓客，地位顯
赫的飯店。包
括原為華懋
公寓的北樓
等4棟樓。

DATA........... ⒺⅢ⚐
🚇Ⓜ13號線 淮海中路站步行2分
🏠茂名南路59號
📞(021)32189888 💰ⓈⓉ683元～
442間 ★★★★★

新錦江大酒店
Jin Jiang Tower Shanghai
新锦江大酒店

▍圓筒狀高塔是標識

位於塔造型飯店41樓的餐廳可
以360旋轉，
裡面也有商
務中心，很適
合用於商務
用途。

DATA........... ⒺⅢ≋⚐
🚇Ⓜ13號線 淮海中路站步行1分
🏠長樂路161號 📞(021)64151188
💰ⓈⓉ703元～ 582間
★★★★★

上海日航酒店
Hotel Nikko Shanghai
上海日航酒店

▍寬廣又舒適的日系飯店

飯店內以白色為基調，具現代感
的客房有38
㎡～，相當舒
適。

DATA........... ⒺⅢ≋⚐
🚇Ⓜ2、11號線 江蘇路站步行5分
🏠延安西路488號 📞(021)32119999
💰ⓈⓉ696元～ 382間
★★★★★

飯店的商務中心相當值得利用。不僅能發送與接收傳真，也可以使用電腦，
有些地方還提供國際快捷與DHL國際運送服務。此外接收傳真大約1張5元起跳。

飯店

高級飯店

❖

就算是三～四星級的飯店，去除豪華等要素，依然有許多不輸最高級飯店的地方。不僅客房可以上網，館內裝潢也很別緻。還可以享受完美的設備與服務。

淮海中路周邊　 別冊P20-A1

衡山馬勒別墅飯店
Hengshan Moller Villa
衡山马勒别墅饭店

▍如童話城堡般的飯店

1927～36年由英國人建造而成，豎立著北歐風尖塔的飯店。古典設計相當受歡迎。

DATA
🚇M1、10、12號線　陝西南路站步行7分
🏠陝西南路30號　📞(021)62478881
💰ST1000元～　45間
★★★★

南京東路周邊　 別冊P17-D2

上海古象大酒店
Howard Johnson Plaza
上海古象大酒店

▍鬧區中的寬廣飯店

飯店就在南京東路前，明亮的大廳非常寬敞，客房以金色與茶色為主的設計相當沉靜。

DATA
🚇M1、2、8號線　人民廣場站步行5分
🏠九江路595號　📞(021)33134888
💰ST800元～　360間
★★★★

淮海中路周邊　 別冊P11-D2

上海瑞金洲際酒店
Intercontinental Shanghai Ruijin
上海瑞金洲际酒店

▍綠色庭園環繞的知名建築

在60000㎡的庭園中遍布著4棟洋房。1、2、3號樓為飯店，4號樓為餐廳及酒吧。也很靠近孫中山故居。

DATA
🚇M1、10、12號線　陝西南路站步行7分
🏠瑞金二路118號　📞(021)64725222
💰ST1136元～　224間
★★★★

南京西路　 別冊P16-A3

上海國際飯店
Park Hotel
上海国际饭店

▍莊嚴的老飯店

創業於1934年，曾為社交界舞台的飯店。館內裝潢經過翻新，令人放鬆。

DATA
🚇M1、2、8號線　人民廣場站步行3分
🏠南京西路170號　📞(021)63275225
💰S780元～T850元～　244間
★★★

南京西路　別冊P16-A2

金門大酒店
Pacific Hotel
金门大酒店

▍創業於1926年的義式建築

佇立於人民廣場前的厚重建築，大廳的裝飾等留有昔日的氣氛，客房也很有古典風格。

DATA
🚇M1、2、8號線　人民廣場站步行1分
🏠南京西路108號　📞(021)53529898
💰ST1000元～　17間
★★★

地區	飯店	說明	設備
浦東　別冊P3-D2　上海中油陽光大酒店 Grand Soluxe Zhongyou Hotel Shanghai 上海中油阳光大酒店 ★★★★★		原為日航飯店，現在也有許多日本人入住。客房清潔又明亮，可以在此舒適度過。🚇M6號線 浦電路站步行5分 🏠東方路969號 📞(021)68758888 💰ST900元～　318間	
南京東路周邊　別冊P18-A4　上海索菲特海倫賓館 Sofitel Hyland Shanghai 上海索菲特海伦宾馆 ★★★★		位於鬧區正中央，外灘與人民廣場也在步行即可到達的範圍內。高樓層的客房相當寧靜，可以好好休息。🚇M2、10號線 南京東路站步行3分 🏠南京東路505號 📞(021)63515888 💰ST1300元～　383間	
上海市西部　別冊P10-A1　上海美麗園都大酒店 Renderzvous Merry Hotel Shanghai 上海美丽园龙都大酒店 ★★★★		澳洲龍都國際酒店集團旗下的飯店，鄰近靜安商業區，很便於購物。🚇M2、11號線 江蘇路站步行10分 🏠延安西路396號 📞(021)62495588 💰S500元～T650元～　341間	
南京西路　別冊P10-B1　上海賓館 Shanghai Hotel 上海宾馆 ★★★★		雖然創業於1983年，經翻新後的客房相當清潔又令人舒暢。🚇M2、7號線 靜安寺站步行5分 🏠烏魯木齊北路505號 📞(021)62480088 💰ST1198元～　527間	
上海市南部　別冊P2-B4　上海富豪東亞酒店 Regal Shanghai East Asia Hotel 上海富豪东亚酒店 ★★★★		位於徐家匯區域內，鄰近可容納80000人的上海體育場。館內設施也很豐富。🚇M11號線 上海游泳館站步行3分 🏠零陵路800號 📞(021)64266888 💰ST700元～　338間	
上海市東部　別冊P3-D3　上海浦東機場華美達廣場酒店 Ramada Pudong Airport Shanghai 上海浦东机场华美达广场酒店 ★★★★		在上海浦東國際機場附近，有受理機場免費接駁、搭乘手續等服務。🚇M2號線 海天三路站步行14分 🏠浦東机场启航路1100號 📞(021)38494949 💰ST1185元～　385間	

 語英語的員工　餐廳　泳池　健身房

要不要稍微
走遠一些

從 上海 出發的

一日遊 trip
行程

在近郊地區，遍布著不同於上海市區的蘇州、杭州等古都與水鄉城鎮。有許多地方只
要搭乘超特快列車、高速巴士、觀光巴士的話，單程1～2小時即可到達。也可以一
日來回。輕鬆地走遠一些，去探訪風情萬種的世界遺產街道吧。

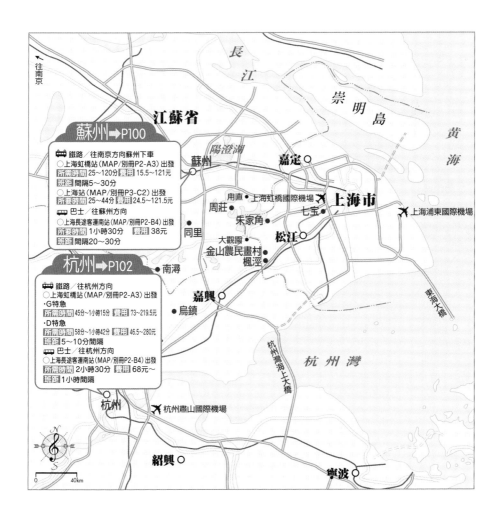

蘇州 ➡ P100

🚆 鐵路／往南京方向蘇州下車
○上海虹橋站（MAP／別冊P2-A3）出發
所需時間 25～120分 費用 15.5～121元
班距 間隔5～30分
○上海站（MAP／別冊P3-C2）出發
所要時間 25～44分 費用 24.5～121.5元
🚌 巴士／往蘇州方向
○上海長途客運南站（MAP／別冊P2-B4）出發
所要時間 1小時30分 費用 38元
班距 間隔20～30分

杭州 ➡ P102

🚆 鐵路／往杭州方向
○上海虹橋站（MAP／別冊P2-A3）出發
·G特急
所需時間 45分～1小時15分 費用 73～219.5元
·D特急
所需時間 58分～1小時42分 費用 46.5～280元
班距 5～10分間隔
🚌 巴士／往杭州方向
○上海長途客運南站（MAP／別冊P2-B4）出發
所需時間 2小時30分 費用 68元～
班距 1小時間隔

點綴著名園的水都
蘇州

MAP P99

受讚頌為「上有天堂，下有蘇杭」，與杭州同樣有人間樂園之美譽的蘇州，在2500年前為吳國都城，明代則因絲綢貿易而繁榮。街道內有運河或縱或橫地流淌其中，河畔則有明清時代庭園若隱若現。

街道漫步 行程♪

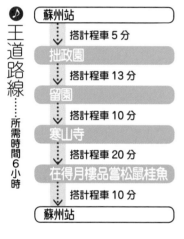

王道路線……所需時間6小時

蘇州站
↓ 搭計程車 5 分
拙政園
↓ 搭計程車 13 分
留園
↓ 搭計程車 10 分
寒山寺
↓ 搭計程車 20 分
在得月樓品嘗松鼠桂魚
↓ 搭計程車 10 分
蘇州站

水都路線……所需時間4小時

蘇州站
↓ 搭計程車 10 分
山塘街
↓ 漫步 60 分
遊覽山塘河
↓ 乘船往返運河 40 分
在同得興品嘗蘇州麵
↓ 搭計程車 10 分
蘇州站

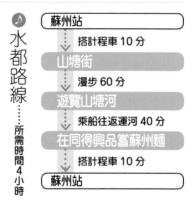

Best of Best

📷 想看
從拙政園入口附近的倚虹亭可以眺望亭園全景與北寺塔，在園外就可以看到的塔是街道的象徵，有76m高。

📷 想看
山塘河畔有白牆住屋櫛比鱗次的景觀，從山塘街古戲台的船隻停靠處搭船即可看到，可以盡情享受水鄉風情。

🍴 想吃
名菜「松鼠桂魚」，裹麵衣油炸後的淡水魚充分吸附糖醋勾芡醬汁的味道，據說菜名由來是因為突起狀的麵衣狀似松鼠。

遊 逛方式建議

市區周遭環繞著名為外城河的運河，蘇州站與蘇州汽車北站位於外城河的北邊。值得一看的景點從市區廣布到西邊的郊外，從車站或客運站前往相當方便。最熱鬧的區域為觀前街。

🌍 世界遺產　👀 必看！　📷 絕佳景觀
⏱30分 所需時間 30 分以下　⏱30~120分 所需時間 30～120 分　⏱120分 所需時間 120 分以上

MAP P100-B1

拙政園
拙政园

必見 世界遺産

匯聚江南庭園精華
閒適優美的水邊景觀

廣達52000㎡的拙政園是蘇州最大的園林，與頤和園、避暑山莊和留園並列為中國四大名園之一。這裡本來是唐代詩人陸龜蒙的住所，到了明代正德4年（1509年），卸任官職後的王獻臣在此建造庭園。園內分為東部、中部、西部的景觀，其中中部與南邊的遠香堂隔著蓮池，面向北邊的雪香雲蔚亭，據說留有明代庭園的風格。

↑遠望北寺塔、有深度的景觀
➡也可以看到豐富窗框設計的漏窗

DATA 📷
🚉蘇州站車程5分 🏠東北街178號
📞(0512)67510286 🕐7時30分～17時30分
（11月16日～2月末為～17時）休無
💰90元（10月31日～4月15日為70元）

  MAP P100-A1

留園
留园

必見 世界遺産

清代中期的造園藝術名作

中國四大名園之一。在清代1798年建在明代庭園遺跡上，面積約有20000㎡。中部為山水，東為樓閣，西為山林，南邊則充滿田園風情。

DATA
🚉蘇州站車程10分 🏠蘇州金閶區閶門外留園路338號 📞(0512)65579466
🕐7時30分～18時 休無 💰55元（11～3月為45元）

  MAP P100-A1

寒山寺
寒山寺

張繼的詩〈楓橋夜泊〉的舞台

與開頭為「月落烏啼霜滿天」的唐詩有關聯的寺廟。寒山寺創立於梁代天監年間（502～19年），寺廟建築與張繼的詩碑則是於清代建立的。

DATA
🚉蘇州站車程20分 🏠金閶區寒山寺弄24號 📞(0512)65348048
🕐7時30分～17時
休無 💰20元

  MAP P100-A1

山塘街
山塘街

必見

重新建設往昔的鬧區

在市區東北方的山塘河邊，重現明清時代的商店街。有餐廳「松鶴樓的分店」及七里山塘茶樓等佇立於此，也有運河遊船由此出航。

DATA
🚉蘇州站車程10分 🏠蘇州金閶區山塘街65號 📞(0512)65315767
🕐8～17時（玉涵堂為～20時30分）
休無 💰45元（周遊券）

   MAP P100-B1

得月樓
得月楼

有400年歷史的蘇州菜餐廳

除了蘇州名產松鼠桂魚、將蛋白放在蟹黃上的雪花蟹門等精緻料理外，白魚湯等清爽的菜色也很值得推薦。

DATA 📋
🚉蘇州站車程10分 🏠觀前街太監弄43號 📞(0512)65222230
🕐10時30分～14時、16時30分～21時
休無 💰日130元～夜130元～

   MAP P100-B2

同得興
同得兴

品嘗道地蘇州麵就要來這裡

切的細又柔軟的蘇州麵專賣店。水晶擔麵47元很受歡迎。麵裡有加青菜跟豬肉，湯頭有白湯（鹽味）和紅湯（醬油味）可以選擇。

DATA
🚉蘇州站車程10分 🏠人民路嘉余坊6號 📞(0512)65113808
🕐6時～13時 休無
💰日12元～夜12元～

   MAP P100-B1

圓融時代廣場
园融时代广场

世界最長的LED天幕是賣點

分為久光百貨、美食街等5個區塊，總面積21萬㎡的巨大購物中心。一定要來看看500m長的天幕。

DATA
🚉蘇州站車程20分 🏠吳中區旺墩路268號（久光百貨） 📞(0512)66966666
🕐10時～21時30分（視店家而異）
休無

受西湖與龍井茶滋潤的江南大都會
杭州
MAP P99

廣布美麗湖泊：西湖的古都。在10世紀的五代十國時代為吳越國的首都，在12世紀作為南宋首都：臨安而繁榮。之後造訪此地的馬可波羅稱讚杭州是「世界上最華美的都市」。現在為浙江省的省都。2011年6月，西湖與周邊史蹟等以「杭州西湖文化景觀」名義列入世界遺產。

街道漫步 行程

王道路線……所需時間5小時

杭州站
↓ 搭計程車 7 分
湖濱的西湖遊船乘船處
↓ 搭乘遊船 25 分
西湖 三潭印月（島）
↓ 搭乘遊船 10 分
西湖 蘇堤春曉
↓ 搭計程車 10 分
六和塔
↓ 搭計程車 25 分
杭州站

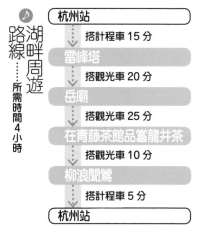

湖畔周遊路線……所需時間4小時

杭州站
↓ 搭計程車 15 分
雷峰塔
↓ 搭觀光車 20 分
岳廟
↓ 搭觀光車 25 分
在青藤茶館品嘗龍井茶
↓ 搭觀光車 10 分
柳浪聞鶯
↓ 搭計程車 5 分
杭州站

Best of Best

 想看
蘇堤春曉的垂柳。28km的堤邊有種柳樹，一邊欣賞隨風搖曳的柳枝一邊散步是最棒的了。

 想看
西湖的夕陽景色。在湖濱、西湖天地、柳浪聞鶯等岸邊目不轉睛地觀看時時刻刻都在變化的湖面樣貌。

 想喝
杭州綠茶「龍井茶」。在4月4、5日清明節前摘下的明前茶是最好喝的，在市內各個茶館皆可品嘗到。

杭州旅遊服務熱線
📞 (0571) 96123
（可通英文）
🕐 24 小時（只接受電話諮詢）
休 無

遊 逛方式建議

值得一看的景點集中在西湖周邊，從車站或客運站前往的話搭計程車比較方便。西湖遊覽船乘船處位在西湖東北方的湖濱路、北岸的中山公園與岳廟、西部的花港魚。想散步的話，推薦搭乘緩緩行駛於蘇堤與湖畔的觀光車，雖然無論在哪裡都可以上下車，而且班次也多，但每次搭車前都要購票。

🌏 世界遺產 必看！ 絕佳景觀
所需時間 30 分以下　所需時間 30～120 分　所需時間 120 分以上

MAP P102-A2

西湖
西湖

以杭州西湖文化景觀名義於2011年列入世界文化遺產

湖面面積6.4km²、周長15km的湖泊。北宋時代曾擔任長官的詩人蘇軾，曾以美女西施（西子）的化妝濃淡做比喻，讚美無論晴雨都很美麗的西湖。自古以天候、季節、時間等來捕捉西湖的景觀，至今仍有包含右邊3項值得一看的西湖十景。

●柳浪聞鶯／可以欣賞柳樹與鶯啼的公園●花港觀魚／由金魚池、牡丹園等交織而成的景觀●斷橋殘雪／白堤的殘雪讓橋彷彿在中途斷了一樣。白堤為曾擔任杭州長官的唐代詩人白居易曾在詩中歌詠的地方●平湖秋月／能眺望西湖月景的知名勝地●曲院風荷／由蓮池與石橋構成充滿夏日風情的景色●雙峰插雲／雲覆蓋住西岸的南高峰、北高峰的景致●南屏晚鐘／南屏山的古剎「淨慈寺」的晚鐘

▲觀覽引船隻搖晃而有微妙變化的湖面景觀

西湖值得一看的景色

蘇堤春曉
柳樹因春霧而朦朧，伴隨著鶯啼的蘇堤景色據說是最美麗的。縱斷湖泊的蘇堤，是蘇軾以疏浚河川後的泥土與草建築而成的。

三潭印月
在明代疏浚時，於湖上造了一座小島。島的南邊建有3個石燈籠，在島上可以觀賞到湖水映照著石燈籠燈火與月光的景象。

▲三潭印月的島，島內為庭園 →遊覽湖上的手划船為1船1小時80元

雷峰夕照
名稱是讚頌聳立於南岸山上的雷峰塔的夕陽景色，塔於1924年曾一度倒塌，在2002年重建。可以搭乘電梯或手扶梯爬上最高層眺望湖景。

▲雷峰夕照中夕陽沉入塔影的美景

DATA ⏱120分以上
西湖遊船 🚍杭州站前往四處船隻停靠站各為車程7～15分 🏠西湖區西湖風景區 📞(0571)87980202 🕐7時30分～17時（每15分出航一班）🈚無 💰1人55元、70元（包含三潭印月費用20元）

MAP P102-A2

六和塔
六和塔

聳立於錢塘江北岸的塔

北宋時為了平定970年的錢塘江泛濫，建造了這座的59.89m高的七層八角塔。塔身於南宋時期重建，塔體則是在1900年重新建造。

DATA ⏱30～120分
🚍湖濱公園車程25分 🏠西湖區之江路16號 📞(0571)86591401 🕐6時30分～18時30分 🈚無 💰18元（登塔10元）

MAP P102-A2

靈隱寺
灵隐寺

中國禪宗十大寺院之一

據傳為在東晉時代326年，由印度高僧慧理所建的古剎。不僅供奉騎著海豚的觀音像，河邊也有10～13世紀的石窟。

DATA ⏱30～120分
🚍杭州站車程25分 🏠西湖區靈隱路法雲弄1號 📞(0571)87968665 🕐7時30分～17時 🈚無 💰飛來峰45元、靈隱寺30元

MAP P102-A1

岳廟
岳庙

祭拜南宋英雄岳飛

祭拜對抗北方的金國，卻遭到和親派的秦檜等人殺害的岳飛的廟宇以及他的墳墓位在此處。廟宇創建於南宋1221年，近幾年有整修過。

DATA ⏱～30分
🚍湖濱公園車程7分 🏠西湖區北山路80號 📞(0571)87986653 🕐7時30分～18時 🈚無 💰25元

西湖東岸的河坊街（MAP P102-B2）為重現清代街道的步行街。以創業於清代1874年的藥局：胡慶余堂為首，天福茗茶、北京同仁堂等老店以及麥當勞等店家櫛比鱗次，一整天都熱鬧滾滾。

 美食 MAP P102-B1

知味觀
知味观

杭州菜名店

在古建築的餐廳內毫不吝惜地擺設數百年前的古董家具。將東坡肉做成獨特形狀的「金牌扣肉」為90元，東坡肉為18元。

DATA
🚇杭州站車程5分　🏠高根街71-73號
📞(0571)87813638
🕐11～14時、16時30分～21時　🈳無
💰🌞100元～　🌙100元～

 美食 MAP P102-B1

茶酒天地
茶酒天地

一邊觀賞西湖一邊用餐

店面設立在西湖旁的絕佳地點，為鑲著玻璃牆的咖啡廳兼餐廳。提供豆腐料理「土燒桐盧豆腐」35元等江南菜色與綠茶。

DATA
🚇湖濱公園車程5分　🏠南山路147號
西湖新天地7號　📞(0571)85388870
🕐10時～翌日0時30分　🈳無
💰🌞100元～　🌙100元～

美食 MAP P102-A1

樓外樓
楼外楼

創業100年的杭州菜餐廳

淋上糖醋勾芡醬的草魚「西湖醋魚」180元，用蓮葉包裹嫩雞、以泥巴固定再烘烤而成的「叫花童子雞」180元等傳統菜色頗受好評。餐廳位於西湖畔。

DATA
🚇湖濱公園車程5分　🏠孤山路30號
📞(0571)87969023
🕐16時30分～ 20時30分　🈳無
💰🌞161元～　🌙161元～

 美食 MAP P102-B1

青藤茶館
青藤茶馆

杭州最古老、最大的茶館

座位共有800席以上的大型茶館。使用竹子的室內設計與微暗的燈光，讓店內充滿了沉靜的氣氛。如果有點茶品，就可以無限享用茶點。

DATA
🚇杭州站車程5分　🏠南山路278號
元華廣場2F　📞(0571)87022777
🕐9時30分～ 17時、17時30分～翌日1時30分　🈳無　💰🌞88元～　🌙88元～

 購物 MAP P102-A1

西冷印社
西泠印社

以高品質的篆刻為傲

位於書畫篆刻研究所內的印章專賣店。印章使用天然石與瑪瑙製作，篆刻為1個字100元～(2個字以上)，半天左右就會完成，店家會幫忙寄送成品到飯店。

DATA
🚇杭州站車程5分
🏠孤山路31號
📞4008881904
🕐8時30分～ 17時　🈳無

 購物 MAP P102-B2

王星記
王星记

創業長達130年的老字號扇子店

與龍井茶、絲綢並列為杭州名產的扇子，是從宋代傳過來的傳統工藝品。有白檀香氣的香扇很有名，畫有美人畫的扇子最適合買來當伴手禮。

DATA
🚇杭州站車程5分
🏠河坊街203號
📞(0571)87830144
🕐8時30分～ 22時　🈳無

飯店 MAP P102-A1

杭州香格里拉飯店
Shangri-La Hotel Hangzhou
杭州香格里拉饭店

佇立於西湖畔的高級飯店

有東樓和西樓，無論哪棟樓氣氛都很雅致。岳廟(→P103)就在飯店旁邊，而且距離遊船乘船處也很近，最適合觀光時來住宿。

DATA
🚇杭州站車程15分
🏠北山路78號　📞(0571)87977951
💰🅂1060元～　🆃1460元～　380間
★★★★★

飯店 MAP P102-B1

杭州凱悅酒店
Hyatt Regency Hangzhou
杭州凯悦酒店

早晚都可以欣賞西湖的最佳地點

就在有遊船出航的湖濱前，地點很便利。客房很寬敞，從一些的房間的浴室可以看到湖。

DATA
🚇杭州站車程7分
🏠湖濱路28號　📞(0571)87791818
💰🅂🆃1700元～　390間
★★★★★

湖濱度假區：西湖天地

位於西湖東岸的度假園區。由於和上海新天地隸屬同一個集團，綠蔭下建有時髦的餐廳及咖啡廳。除了有咖啡廳兼餐廳的湧金樓、茶酒天地外，還有捷克餐廳比爾森音樂西餐廳、日本料理初・居酒屋、星巴克等10家以上餐廳遍布於此，湖畔有設躺椅與散步步道(MAP P102-B1)。

旅遊資訊

Travel Information

✔ 事前Check！

☐ 申請台胞證（→P107）了嗎？

☐ 護照剩下的有效期限（→P107）是否足夠？

☐ 機票、電子機票收據上的姓名是否與護照（→P106）相同？

☐ 確認過需不需要簽證（→P107）了嗎？

☐ 確認過信用卡（→P107）的密碼了嗎？

✔ 來預防「萬一」吧！

☐ 列印護照的照片頁面

☐ 加入海外旅行傷害保險

☐ 保管信用卡的緊急聯絡電話號碼

✔ 事前Check！

☐ 調查過當地的氣候（→P12）了嗎？

☐ 調查過當地的安全資訊（→P123）了嗎？

行前準備

來取得護照吧

申請護照

有效期限一般為10年，未滿14歲孩童與未免除兵役義務之男子的期限為5年。護照需至外交部領事事務局或外交部中、南、東部或雲嘉南辦事處申請，從申請到拿到護照約需要4個工作天。若已經持有的護照剩餘效期不滿一年，可以申請換照。詳請請洽外交部領事事務局與台灣各地辦事處。

◆申請普通護照說明書（外交部領事事務局）
🖥https://www.boca.gov.tw/cp-18-17-87808-1.html
申辦護照答詢電話
外交部領事事務局☎02-23432807或02-23432808
中部辦事處☎04-22510799
南部辦事處☎07-2110605
東部辦事處☎03-8331041
雲嘉南辦事處☎05-2251567

「什麼是護照？」

護照就是證明持有人的國籍以及身分的證件，無論年齡每個人都一定要辦一本。護照不只是出入境時需要出示，也是在旅行目的地中任何時刻都很重要的身分證明書，所以要小心別弄丟了。根據不同國家，在入境時護照所需剩餘效期也不同。

◆護照發行手續費

滿14歲以上	未滿14歲或未免除兵役義務之男子
10年護照	5年護照
1300元	900元

申請護照需要準備的資料

1…普通護照申請書──1份
可至外交部領事事務局等處索取。

2…照片──2張
需為申請日前6個月內所拍的彩色照片，直4.5cm且橫3.6cm，臉部長度需為3.2cm～3.6cm，原則上要脫帽且無背景的正面照。

3…身分證明文件
A……年滿14歲或未滿14歲已請領身分證者
需要身分證正本及正、反面影本各1份。18歲以下者需準備父母或監護人之身分證正本及正、反面影本各1份。

B……未滿14歲且未持有身分證者
需準備含詳細記事之戶口名簿正本並附影本1份，或最近三個月內戶籍謄本正、影本1份。也要準備父母或監護人之身分證正本及正、反面影本各1份。

4…上一次申請到的護照
過去曾申請過護照的人需帶這項資料。

來確認中國的入境條件吧

護照的剩餘有效期限
在免簽訪問的情況下，入境時尚有6個月以上有效期限為宜。

簽證和台胞證
簽證也就是前往目的地國家的入境證書。台灣與中國間目前免簽證，但需要委託台灣各大旅行社，或親自去中國當地公安機關等相關機構辦理台胞證方可入境。關於台胞證資訊國人可洽各大旅行社，在台外籍人士則可參考中國簽證申請服務中心（→P124）。
https://www.visaforchina.org/

攜帶貨幣入、出境
在入境時若攜入20000元人民幣以上現金或相當於美金＄5000以上之外幣，或是出國時攜出20000元人民幣以上現金或入境時所申報金額以上之貨幣者，需要提出申報。

「哪種方式比較划算？」
要將台幣兌換成人民幣的話，在上海兌換的匯率比較好。但是，請留意若是在機場或市內銀行兌換的話，需要負擔匯兌手續費。請服務人員混合5元或10元等小額紙鈔會比較方便。

準備金錢

以防偷竊或遺失物品，請事先準備組合各式各樣的種類。

現金
在台灣兌換請至有提供外幣兌換服務的銀行等。在當地兌換請參考P117。

信用卡
可以在各家信用卡公司之特約商店及餐廳中使用。此外除了部分機台外，24小時皆可用信用卡於ATM兌現。還有，以內建記憶體晶片的信用卡之IC卡消費或ATM兌現時，需要輸入密碼（PIN）。

國際金融卡
在帳戶餘額範圍內，可以當場從自己的帳戶提領消費金額的卡片。也能在ATM提領當地貨幣。有Visa金融卡等。

旅遊預付卡
可以在儲值的額度範圍內，在ATM提領當地貨幣或購物時使用。

其他準備

海外旅行傷害保險
為預防在旅途目的地生病或遭小偷，先加入海外旅行傷害保險吧。加入後拿到小冊子後，先確認聯絡方式吧。此外，有些信用卡也有保海外旅行傷害保險，在出國前記得跟各家信用卡公司確認一下。

國際駕照
前往居住地附近的監理站辦理，並準備台灣的駕照正本、護照影本、在申請日前6個月所拍之照片（2吋）2張、身分證或居留證。當日即可拿到國際駕照，申請費用為250元，自發行日起3年有效。

國際學生證
能作為學生身分證明，享有美術館等學生優惠。可洽康文文教基金會辦理。http://www.travel934.org.tw/isic/isiccard.aspx

機票
在購買時，記得先確認是否有轉乘其他公司班機、變更歸國班機等使用條件。若拿到機票或是電子機票收據時要確認姓名，就算只有一個字跟護照不同也無法搭乘飛機，敬請留意。
※使用航空公司以電子方式保管機票情報的「電子機票」時，不會發行以往的紙張機票。

※現在在中國即使持有國際駕照，海外人士還是不能駕駛租借車輛等。

簡單列出 行前準備memo

參考旅遊季節（→P14），決定要帶那些衣服和東西吧。

託運行李list

- □ 鞋子
- □ 衣服
- □ 內衣
- □ 牙刷組
- □ 洗臉用品
- □ 美妝品
- □ 防曬乳
- □ 洗澡用品
- □ 拖鞋
- □ 常備藥品
- □ 隱形眼鏡／眼鏡
- □ 生理用品
- □ 轉接插頭、
   充電器、充電電池
- □ 環保購物袋
- □ 折傘
- □ 太陽眼鏡
- □ 帽子

飯店不提供免洗盥洗用品，所以要自己帶

事先準備好洗滌用品、折疊式衣架、自用筷或免洗叉子會更方便

帶上機內的手提行李有重量及尺寸的限制，每家航空公司都不一樣，需事先確認規定

可多準備幾個塑膠袋，用來裝濕衣物或液體物品

善用尼龍包和夾鏈袋分裝行李

超市的袋子要收費，所以有的話很方便

建議將較重的物品放置於行李箱底部

手提行李list

- □ 台胞證
- □ 護照
- □ 信用卡
- □ 現金
- □ 相機
- □ 手機
- □ 原子筆
- □ 行程表（機票／紙本電子機票）
- □ 紙巾／溼紙巾
- □ 手帕
- □ 護唇膏
- □ 絲巾／口罩（有需要的人再帶）

填寫出入境登記表、海關申報單時要用

叩叩世界

別忘了帶我走

隨身行李有液體物品的限制不能超過100ml

便利memo

在飛機上寫入境登記表及海關申報單時可以派上用場

護照號碼	（　　　　　）	飯店	（　　　　　）
去程航班	（　　　　　）	出發日期	（　　　　　）
回程航班	（　　　　　）	回國日期	（　　　　　）

台灣出境流程

若有希望坐在走道邊或靠窗座位等座位需求就在這裡提出。關於託運行李的詳細資訊請參考右側說明。

1 (登機手續)

前往你所搭乘的航空公司櫃台（若是跟團請前往指定櫃台），在寄艙行李做完X光檢查後，出示護照與機票或是電子機票收據，在託運手持行李以外的行李，再領取登機證與行李兌換證。行李兌換證是弄丟行李時一定要出示的證件，請妥善保管。

2 (安全檢查)

在出境大門接受貼身檢查，並讓帶進機內的行李進行X光檢查。
※自2007年後，除了醫藥品或辦完出境手續後於免稅店購買之物品，禁止帶超過100ml以上液體上飛機。100ml以下液體請以右方說明的方法攜入。

口袋裡的零錢或手機要放進籃子或先收進手持行李中。腰帶或手錶很容易有反應需要小心。

3 (海關)

如果沒有要申報的物品直接通過就可以了。

●攜帶價值逾20000元美金的黃金的旅客，需向經濟部國際貿易局（電話：02-23510271）申請輸出許可證並向海關報關。攜帶總價值超過新台幣50萬且超越自用目的之鑽石、寶石及白金者，也應向海關申報。若未申報或申報不實者，將處以相當於黃金或寶石價額之罰鍰。
●攜帶之新台幣金額以10萬元為限，如超過限額，應於出境前先向中央銀行發行局（電話：02-23571945）申請核准，超額部分未經核准不准攜出。外幣（含港、澳幣）超過10000美元者，應向海關申報。人民幣則以20000元為限，超過限額時即使向海關申報，仍僅能攜帶限額內之人民幣。

4 (出境審查)

如果護照有包護套，就先拆掉吧。

前往出境審查櫃台，並出示護照與登機證給審查人員看。（外國人需出示入境登記卡）。等護照蓋上出境印章，與登機證一起歸還回來時即完成手續。

5 (登機)

由於購買免稅商品時也會要求出示登機證，要隨時準備拿出來。

有時候也會變更登機門，所以先確認標示牌或螢幕吧。要在起飛前30分左右之前抵達登機門。登機前也會檢查護照。

桃園國際機場的航廈

根據航空公司分布在第1~2航廈。中國南方航空、中國東方航空、中國國際航空、立榮航空、中華航空、長榮航空從第2航廈出發；吉祥航空和春秋航空則在第1航廈。

關於免費寄艙行李

基準視航空公司、方向、艙等而異，需跟搭乘的航空公司確認。如果超出限制重量就要加收費用，敬請注意。此外，不能託運手機或數位相機、筆記型電腦等的預備電池（包括鋰聚合物電池）、打火機、火柴，請各位留意。這些東西就親手拿上飛機吧。貴重物品也不要放進無法看管的託運行李內才保險。

安全上要注意的事

為防止恐怖攻擊，現在正加強檢查帶進機內的隨身行李。
●液體……若想帶100ml以下液體上飛機的話，要將液體放進附拉鍊的透明塑膠材質袋。詳情請參考交通部民用航空局 🖥http://www.caa.gov.tw/big5/content/index.asp?sno=6
●鞋子……有時要脫下來放進X光線檢查裝置檢查。
●刀刃……禁止攜入刀子或指甲刀、修眉刀等。若被發現的話基本上只能捨棄，所以還是先放進託運行李中吧。
●打火機……僅能攜帶一個抽菸用打火機。但美國航空公司的飛機或是在關島或塞班等美國城市起降的飛機中，不可攜入噴射打火機（※1）。此外，除了從香港出發的班機外，飛往中國的班機中，無論手提行李或託運行李都禁止帶入打火機、火柴。

※1　在風雨中不易熄滅的內燃式瓦斯打火機

回台灣的流程

1 （檢疫） 通過檢疫櫃檯。從傳染病疫區歸國的旅客要交出在機內分發到的健康相關問卷。就算是從其他第三區回國，如果狀況異常就要提出。

2 （入境審查） 前往中華民國國民專用櫃檯排隊，出示護照給審查人員看，人員在護照上蓋上歸國印章後即完成審查。

3 （領取託運行李） 在顯示有所搭乘的班機名稱的輸送帶前等候。如果行李沒出現或是有破損的話，要在出海關前告知航空公司職員。

4 （動植物檢疫・海關） 帶動植物回國者在進行海關檢查前，要先在動植物檢疫櫃檯接受檢查。沒帶動植物的人就前往海關審查。沒超過免稅範圍者就在綠色檢查台接受檢查，超過或不知道有沒有超過範圍者就在紅色檢查台排隊。

後送行李之手續

在運送時，一定要在物品的外包裝、海關申報單、託運提單上明確標示為「後送行李」。在歸國時應填寫中華民國海關申報單向海關申報，並經由紅線櫃台（應申報櫃台）通關。之後後送行李抵達時，航空公司會通知旅客前往領取提單正本，旅客需攜帶此提單以即收貨人護照、發票、行李裝箱單通關。如委託親朋好友領取者，需攜帶委託人之護照、上開相關文件以及印章。

詳請可以參考：財政部關務署臺北關🔲https://taipei.customs.gov.tw/cp.aspx?n=9DEDE836CD36FFCE

有需申報物品之旅刻需要填寫中華民國海關申報單。若超過免稅範圍，負責人員將會算稅額，直接在補稅櫃台繳納即可。

回台灣時的免稅範圍 （成人1人）

	品名	數量或價格	備考
	酒類	1公升（不限瓶數）	僅年滿20歲旅客可攜帶入境。
菸	捲菸	200支	僅年滿20歲旅客可攜帶入境。
	雪茄	25支	
	菸絲	1磅	
其他物品	非屬管制進口、並以使用過之行李物品	單件或一組之完稅價格在新台幣10000元以下	●旅客攜帶之貨樣等貨物如符合「入境旅客攜帶行李物品報驗稅放辦法」所規定之限額，則視同行李物品，不用辦理許可證，辦理徵、免稅放行。●如果對所攜帶之貨樣是否符合規定有疑問的話，應經由紅線櫃台過關。
	免稅菸酒及上一項目以外之行李物品（管制品及菸酒除外）	完稅價值格在新台幣20000元以下	
	旅客攜帶之貨樣	完稅價格在新台幣12000元以下	

※上述規定之詳情可以參閱財政部關務署🔲https://web.customs.gov.tw/

禁止進口與進口限制

❶禁止進口之物品

麻藥、大麻、興奮劑；槍砲彈藥刀械管制條例所列之槍砲、彈藥及刀械；偽造或變造之貨幣、有價證券及印製偽鈔印模；妨害風化之物品、侵害專利權、商標權及著作權之物品等其他法律規定不得進口或禁止輸入之物品。

❷限制進口之物品

●華盛頓條約（CITES）所規範之物品，該條約是為保護野生動植物所訂之條約，以規範物品之原料製作的中藥、毛皮、地毯等加工品也同樣有限制進口。特別要留意鱷魚、蛇、剝製標本、蘭花、仙人掌等。一般來說以觀光的日程來說，比較難辦理進口手續。

●帶土新鮮蔬果及植物種子、種苗皆禁止進口。肉製品、肉乾、肉鬆等無論包裝都禁止攜帶入境。果乾、罐頭等加工之食品則可以攜帶。詳情與檢疫相關資訊可以參考行政院農業委員會動植物防疫檢疫局網站🔲https://www.baphiq.gov.tw/index.php

●旅客所攜帶的藥品不得供非自用之用途，且需憑醫療院所之醫師處方箋（或出示具證明之文件），其攜帶量不得超過該醫療證明開立之合理用量，且以6個月用量為限。詳情可參考財政部關務署網站。

當地資訊篇

中國入出境

從台灣各都市搭乘直達班機飛往上海約需2小時30分左右。
目前中國南方航空、中國東方航空、中國國際航空、立榮航空、中華航空、長榮航空、吉祥航空、春秋航空等有飛往上海的班機。

入境時需要的資料

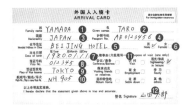

入境登記卡的填寫範例

❶…姓　❷…名　❸…國籍　❹…護照號碼　❺…在中國的住址（住宿飯店）❻…性別　❼…出生年月日　❽…簽證號碼　❾…簽證簽發地　※ 免簽證的話❽❾不需填寫　❿…搭乘航班名稱　⓫…入境事由　※ 若為觀光就勾選「觀光／休閒」　⓬…與護照相同署名

健康申明卡的填寫範例

❶…姓名　❷…性別　❸…出生年月日　❹…國籍　❺…護照號碼❻…目的地　❼…搭乘航班名稱　❽…搭乘艙等　❾…座位號碼　❿…自到達後7天期間會前往的都市以及前往該都市的日期⓫…從中國本土出境後7天期間的旅程（搭乘航班名稱、搭乘日期）⓬…自到達後7天期間在中國的停留地點與電話號碼　⓭…到達前7天期間曾前往的國家或都市　⓮…在到達前7天之前，是否曾接觸過得了流感、或有與流感類似症狀的人呢？　⓯…如果有下列症狀請打勾⓰…署名　⓱…署名日

海關申報表的填寫範例
（僅需要申報者要填寫）

❶姓名　❷性別　❸出生年月日❹國籍　❺護照號碼　❻入境者填寫欄　❼搭乘地點　❽入境搭乘航班名稱　❾入境日期　❿動植物及其製品，微生物、生物學製劑，人體組織、血液及血液製劑　⓫（中國居住者）在國外購買到的總額超過5000元人民幣價值之物品⓬（中國非居住者）在中國國內所使用的總額超過2000元人民幣價值之物品⓭超過免稅範圍（如左）的酒類、香菸⓮⓳超過20000元人民幣之現金，或是超過相當於美金＄5000之外幣⓯後送行李、商品、商品樣品、廣告品⓰⓲應申報海關的其他物品⓱出境者填寫欄⓲目的地　⓳出境搭乘班機名稱　⓴出境日　㉑文物、瀕臨絕種動植物及其製品、生物種資源、金銀等貴金屬　㉒（中國居住者）相機、攝影機、電腦等，本人旅行中使用並帶回來的單價超過5000元人民幣之商品㉔商品、商品樣品、廣告品　㉖填寫符合上述物品之品名／貨幣種類、型號、數量、金額（右邊為海關填寫欄）　㉗署名

入境中國時的主要免稅範圍

● 菸
捲菸400支、雪茄100支、或是菸絲500g這三者之一。
● 酒類
12度以上的酒精最多到1.5ℓ。
● 其他
關於攜帶貨幣入境請參考P107。
● 不能帶入境的東西
武器、偽造貨幣及偽造有價證券、違反中國秩序之影片與印刷物、水果、有害藥物等

出境中國時的主要免稅範圍

關於攜帶貨幣出境請參考P107。

出境時，要交出出境登記卡、海關申報表（僅需要申報者）。出境登記卡在入境登記卡左側，可以裁切虛線分割，在出境前別弄丟了。表格跟入境登記卡幾乎相同。

※健康申明卡在有流感等發生時會使用到，通常不需要填寫。格式有可能會改變。

中國入出境

> 上海的空中玄關口為浦東國際機場。從臺北松山機場起飛的班機也有飛進上海虹橋國際機場。

> 想把時間抓鬆一點，就提早3小時抵達機場

中國入境流程

1 （到達） ········· **Arrival**

從到達口依照標示板標示前往入境審查區。

2 （檢疫） ········· **Quarantine**

將健康申明卡交給檢疫所的檢疫人員，前往下一步驟（→P111註釋）

3 （入境審查） ······ **Immigration**

有分中國人用與外國人用的通道，到指定通道排隊。一交出出入境登記卡及護照，審查人員就會在護照上蓋章，歸還護照與出境登記卡。

4 （託運行李領取處）

········· **Baggage Claim**

前往1樓，若有託運行李的話，就在寫有航班名稱的輸送帶等待行李送出。若行李沒出現或是有破損的話，請拿著行李兌換證向航空公司人員提出。

5 （海關） ········· **Customs**

有需要申報物品的人就填寫海關申報表，前往紅色通道；在免稅範圍內的話，就前往綠色通道。

6 （抵達大廳）

········· **Arrival Lobby**

有貨幣兌換所、往市內的交通諮詢處等設施。

中國出境流程

1 （報到） ········· **Check-in**

向人員出示機票（電子機票收據）及護照。若有希望坐在窗邊、走道旁等座位需求的話就告知人員。若有託運行李就在此託運，領取行李兌換證（Claim Tag）與登機證。

2 （海關） ········· **Customs**

若超過免稅範圍或有需申報之物品，就要提出申報表。免稅的旅客就前往綠色櫃台，有需申報之物品的人就填寫海關申報表上的出境旅客填寫欄，前往紅色櫃台。

3 （出境審查） ······ **Immigration**

一同出示在入境審查時歸還給旅客的出境登記卡、護照及機票。審查人員會在護照上蓋章並歸還。出境登記卡上的填寫內容與入境登記卡之內容幾乎一樣。

4 （安全檢查）

········· **Security Check**

口袋裡的零錢也有可能會起反應，請小心留意。筆記型電腦要從包包中拿出來。

5 （出境大廳）

········· **Departure Lobby**

可以在貨幣兌換所兌換貨幣，或是在免稅店購物。

浦東國際機場第1航廈的貨幣兌換處旁的貨幣兌換機

機場的便利設施

上海浦東國際機場 別冊 MAP P3-D3

從市中心往東約40km。國際線、國內線班機都有在起降，有第1、第2航廈。

●第 1 航廈

有日本航空、中國東方航空等在此起降。面向正面左方為國際線，右方為國內線。1、2樓為抵達樓層，3樓為出境樓層。2樓設有餐廳及商店等。

機場服務台

在3樓出境樓層的中央左右。

銀行‧貨幣兌換所‧ATM

銀行及貨幣兌換處在託運行李領取處旁邊以及1樓抵達樓層、3樓出境樓層、候機室中，手續費約50元左右。此外也有ATM，可以提領人民幣。

●第 2 航廈

有全日空、中國國際航空、中國南方航空、馬來西亞航空等在此起降。國際線的M樓層（2、3樓之間）為抵達樓層，2樓為出境樓層；2樓主要為國內線，4樓設有餐廳及商店。與第1航廈以2樓的聯絡通道相連，步行約10分可抵達。也有來回兩個航廈的免費接駁巴士。

上海虹橋國際機場 別冊 MAP P2-A3

位於市區西邊約15km處，有第1航廈（國際線與一部份國內線）及第2航廈（國內線）兩個航廈。

●第 1 航廈

有全日空、日本航空、東方航空、上海航空、韓亞航空、大韓航空等日韓（羽田、金浦）航班起降的國際線航廈。1樓為抵達樓層，2樓為出境樓層。直通地鐵10號線的虹橋1號航站樓站。

退稅手續

入境後未滿183日的旅客在標示有「退稅商店TAX FREE」的店鋪中，在1天內於同一店鋪購買超過500元人民幣，並有在購買日後90天以內辦理手續的話，17%的VAT（附加價值稅）內會退還9%。

在店鋪） 購買時出示護照，請店家發行「離境退稅申請單」及「增值稅普通發票」。

在機場） 在上海浦東國際機場或上海虹橋國際機場的國際線航廈的海關窗口出示護照、上述兩項資料以及未開發商品實物，請人員蓋上確認印章及署名。接著在機場內的免稅區域中的窗口出示資料及護照，以現金或銀行匯款方式接受匯款。（當接受10000元人民幣＝47000台幣左右退款時，僅能以銀行匯款方式退還。）

機場服務台

位於2樓中央，大大的「？」記號是標識。
☎(021)96990（第1、2航廈共通）

銀行

1樓的託運行李領取處與大廳內有貨幣兌換窗口。

●第 2 航廈（國內線專用）

與第1航廈之間每30分鐘有一班免費接駁巴士（15分）運行。直通地鐵2、10號線的虹橋2號航站樓站。

從機場到市區的交通

從上海浦東國際機場前往市中心

交通速查表

交通機關	特徵
磁浮地鐵	運行至浦東的龍陽路站。可以體驗到最高時速430km／h（9時～10時45分、14時～16時45分這兩個時段以外為300km／h）的世界。從龍陽路站連接地鐵2、7號線，到市中心需15～20分。搭計程車的話為40分、40元左右。
 機場巴士	除了往市內的機場巴士總站城市航站樓（別冊MAP）與上海方向等7條路線外，還有在航班結束後1小時內發車的守航線。巴士先從第1航廈起程，5分鐘後停在第2航廈後再開往市內。從市內反方向前往浦東機場的巴士也是先在第1航廈停車，第2航廈為終點站。車票要在車內購買。
計程車	最快速又便利。由於計程車招呼站都會造成人龍，就遵照人員指示搭乘吧。將欲前往之目的地以口頭或寫在紙上告知司機就可以了。
地鐵（軌道鐵道）	可以從浦東國際機場搭乘2號線前往市中心。需要在從機場出發後的第8站廣蘭路站先下車一次後，再轉搭從同月台往同方向行駛的列車。

上海浦東國際機場～市區 機場巴士路線

	路線名稱	方向	主要車站	費用／人民幣
機場巴士	機場1線	上海虹橋國際機場	虹橋機場第2航站樓～虹橋站（中途無停靠站）	30元
	機場2線	靜安寺方向	城市航站樓（靜安寺附近，中途無停靠站）	22元
	機場4線	魯迅公園方向	德平路浦車大道～五角場～運光新村～虹口足球場	16～22元
	機場5線	上海站方向	龍陽路地鐵站～東方醫院（陸家嘴）～延安東路浙江路～上海站	2～22元
	機場7線	上海南站	川沙路華夏東路～上南路華夏西路～上海南站	8～20元
	機場8線	浦東方向	當局樓～交通隊～海關倉庫～航油站～東方航空～機場保稅區～南祝公路周祝公路～南匯汽車站	2～10元
	機場9線	地鐵莘莊北廣場方向	莘建東路～寶城路（地鐵莘莊站）	22元
	機場環1線	浦東方向	當局樓～公安分局～海關倉庫～施灣～航城園	2～3元
	守航線（末班巴士）	市中心、虹橋方向	龍陽路芳甸路～世紀大道站～延安東路浙江中路～延安中路華山路～延安西路虹許路～虹橋樞紐交通中心	16～30元

※由於機場巴士的路線及行經地點可能會變更，搭車前先確認車站的標示桿吧。

※住宿房客以外也可以使用飯店接駁巴士（Ego bus ☎(400) 9201984），要到上海浦東國際機場第2航廈2樓抵達大廳前的櫃檯申請。只要跟櫃台人員說目的地飯店，人員就會告訴旅客最佳路線。費用一律為68元。

⬆機場巴士和豪華計程車等的櫃台
➡連結第1、2航廈的中央通路的中央，對面是磁浮地鐵站和地鐵2號線車站

費用／人民幣	行車時間	所需時間	機場乘車站	諮詢
單程50元，來回80元（持有當日機票為單程40元）	雖然視時段而異，但每15～20分一班	8分～	大約在連接第1、2航廈的中央聯絡通道中間	📞 (021) 28907777
2～30元	機場1、2、4、5、7線為每20～30分一班，其他視路線而異	去市中心50分～1小時，其他視路線而異	第1航廈1樓大廳7～10號出口附近。第2航廈在1樓大廳中央。	機場1、2、9線；機場環線；守航線 📞 (021) 68346612 機場4、5線 📞 (021) 68346830 機場7線 📞 (021) 51515519 機場8線 📞 (021) 68022000
3km內14元。到市區約150~170元	24小時	50分～1小時	第1、第2航廈皆在1樓大廳出口外	參考 P71
6～7元	6～22時。約每9分運行1班	60～80分	大約在連接第1、2航廈的2樓中央連結通道中間	📞 (021) 64370000

※所需時間僅供參考，會視道路擁擠狀況等而異。

從上海虹橋國際機場前往市內

從第1航廈國際線出發的話，搭乘地鐵10號線、機場巴士（機場專線）、計程車較方便。機場巴士要從1樓大廳的7～10號出口附近搭車，直達南京西路的城市航站樓，所需時間為25分，4元。搭乘計程車到市內約為20分40～60元左右。從第2航廈國內線的話，從直通的地鐵2、10號線虹橋2號航站樓站前往市區約30～50分，4～5元。計程車為30～50分，50～80元左右。

從市區前往機場

●往上海浦東國際機場
搭乘磁浮地鐵的話，就乘坐地鐵2、7號線或計程車前往龍陽路站。磁浮地鐵的售票處與剪票口位於車站大樓2樓。搭乘機場巴士的話，從市中心的城市航站樓（別冊 MAP P4-B4）乘坐機場2線就能直達第1航廈、第2航廈。計程車的話，只要從飯店或市區中搭乘一般的計程車即可。
●往上海虹橋國際機場
搭乘地鐵2、10號線或機場巴士、計程車比較便利。搭乘機場巴士的話就從城市航站樓搭乘機場專線。

⬅虹橋2號航站樓站的主要大廳，也直通國有鐵路的虹橋火車站。

貨幣與貨幣兌換

當地資訊篇

中國的貨幣為人民幣，單位為元（紙鈔為圓）、角、分。
1元＝10角＝100分。匯率採管理浮動匯率制，1元約等於4.7台幣（2019年5月資料）。

紙鈔・貨幣的種類

*雖然也有1分的紙鈔與硬幣，但幾乎沒有在市面上流通。
元又俗稱為塊，角也有俗稱為毛。

100元

10元

1元

50元

5元

20元

1元

5角

1角

錢的攜帶方式

方法	這種時候很便利	這裡要留意	上海的情況
現金	任何地方都可以使用。	隨身攜帶大量硬幣易招致麻煩。	機場等地中能將現金兌換為當地貨幣的窗口很多。
信用卡（洽詢→ P124）	不帶現金在身上也無妨，而且也可以用來證明身分。也可以從ATM兌現。	要確認帳單金額再簽名，只能在重視信用的店家使用。	能使用的地方以有許多外國人使用的飯店或餐廳為主。
國際金融卡	可以用ATM從自己的台灣帳戶提領當地貨幣。	金融卡適用的匯率依各家卡片規定而異。	能使用的ATM有限。
旅行支票	只有購買人可以使用，若遭竊或遺失可以補發。比現金的匯率更有利。	兌換貨幣時，需出示護照或台胞證。	不能直接拿來付款。要在當地將台幣或美元單位的旅行支票兌換成人民幣。

上海的各種物價

1.2元～
礦泉水
(550ml)

2.6元～
口香糖
（中國品牌）

17元～
咖啡
（星巴克的小杯咖啡）

若要帶金融卡或信用卡去中國，建議選擇中國普遍使用的銀聯卡。如果使用在中國銀行等辦的卡片，就可以用中國的ATM提領現金。

要妥善保管
兌換貨幣時拿到的收據

在上海兌換貨幣

人民幣兌換由機場、飯店、中國銀行、上海浦東發展銀行、其他主要銀行辦理。上海浦東國際機場內也有貨幣兌換機。雖然兌換匯率基本上是一致的，但機場的貨幣兌換所會加收50～60元手續費。

有些銀行有午休，需留意

看匯率表的方法

※下表為一例

	CASH	
	BUYING	SELLING
TWD	0.21896	0.21231

現金

10000元台幣兌換成元人民幣的算式：
10000×0.21896=2189.6元 人民幣

TWD= 台幣
RMB= 人民幣

用剩的人民幣該怎麼辦？

雖然回台灣後可以在桃園國際機場等各個銀行兌換台幣，但匯率較不划算。若有多的人民幣，在當地機場內的銀行兌換即可。此外在機場內的免稅店等處也可以使用台幣或信用卡，所以就算沒有人民幣也不用擔心。

ATM 的使用方法

在上海ATM逐漸普及，如果是用合作銀行的ATM，就可以用信用卡兌換人民幣現金。此外，用國際金融卡也可以從自己的存款提領人民幣現金。只是要使用ATM的話，就選擇機場、銀行、飯店內等保安措施比較確實的地方吧。

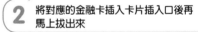

銀行不同，順序上多少會有差異

1 確認 ATM 機器有沒有顯示 Cirrus 或 PLUS 標示

2 將對應的金融卡插入卡片插入口後再馬上拔出來

3 選擇英語、中文導覽

4 輸入密碼（PIN）

5 輸入金額（當地貨幣），領取現金

6 按下明細表按鈕，拿取明細表

5元～

啤酒
（中國品牌）
※ 視店鋪而異

14元

計程車
（起跳價）

7元～

漢堡
（麥當勞）

10元～

CD
（1片）
※ 視內容而異

電話

當國際直撥電話無法
撥通時，只要聯絡櫃
台，即可重置系統。

從上海打電話到台灣

既簡單、通話費又便宜的方法就是用國際直撥電話撥打，在中級以
上的飯店內的客房即可打電話到台灣。只是從飯店客房撥打需要手
續費，因此比較昂貴。要撥打國際直撥電話，要先輸入每家飯店的
專用號碼。先參考飯店室內的電話指南吧。

國際電話國碼
● 台灣　886
● 中國　86

📞 國際直撥電話　　比如說欲撥打台北電話號碼02-2550-5500，就要打00-886-2-2550-5500

00	➡	886	➡	各縣市區碼	➡	對方的電話號碼
國際識別編號		台灣國碼		要去掉第一個 0		

■參考費用　一開始的1分鐘內為每6秒鐘0.8元人民幣，視電信公司而異

從台灣打電話到上海

台灣國際冠碼002+大陸國碼86+上海區碼21+上海電話號碼。

用公共電話撥打

雖然上海手機已普及，但也設有很多台投幣式或電話卡式公共電
話。投幣式電話的使用方式與台灣相同，撥打市內通話為每1分
鐘1角人民幣。電話卡每一省都不同，當換省分時就無法使用，
需要留意。也有極少數商店店面有放電話機，有時也有提供租
借，是採用使用完後再精算費用的制度。國際電話的撥打方式與
國際直撥電話相同。

電話卡

有20元、30元、50元、100元等，可以在飯店內的商店或販售亭等地購買。

郵件、網路與電子郵件

寄送到台灣

●明信片、書信

明信片或信封除了可以在郵局購買外,有些飯店也有提供,試著用看看吧。收件人欄位內要填入「台灣」或「TAIWAN」,而且別忘了寫上「AIRMAIL」。地址和姓名部份則用和在台灣寄信時一樣的方式填寫即可。在投遞時,可以前往郵局窗口,或是貼上與費用等值的郵票投入信箱。明信片為4.5元,書信20g以下為5元。也可以委託飯店櫃台等幫忙寄信。通常寄到台灣需約7~15個工作天左右。

●小包

當伴手禮等行李變多時,用小包送到台灣是一個便利的方法。將小包拿到郵局時先不要包裝。由於也有郵局沒有辦理小包業務,所以先在飯店諮詢後再出發吧。在郵局填寫小包資料後,給郵局人員看內容物再開始包裝。在比較大的分局內,有跟窗口分開另外設置一個提供專用紙箱的裝箱區域,另付郵資外的費用即可使用。航空包裹為100g以下14元,100g以上每多100g加收9元,送到台灣約7~15個工作天左右。船運為100g以下12元,100g以上每多100g加收7元,約30~45個工作天左右到達。此外,若較急迫的話可以使用國際快捷(EMS),500g以下文件為115元,物品為180元,500g以上每多500g加收40元,約3~6天寄達。郵局及飯店的商務中心等地都有辦理國際快捷業務。

●建國東路郵政局

📞(021) 64151231　🕐8 時～ 17 時 30 分　🈚無　📖別冊MAP P12-A3

●宅急便

雖然費用比郵寄高,但只要打電話業者就會來飯店領取貨件,而且跟國際快捷一樣3~6天即可送到台灣。各個飯店的商務中心也有辦理宅急便業務,費用請洽商務中心或下列專線

●DHL　📞0800-769-888(24小時客服專線)

航空郵件的收件人欄位寫法

```
Air Mail ❸                    〒162-8446
                            ❶東京都新宿区
  (文面)                      払方町25-5
                              石田太郎様

田中エリ ❹              ❷JAPAN
```

❶填寫收件地址與姓名,這邊填寫中文即可
❷國名寫英文,寫得顯眼一點、大一點
❸用紅筆標示是航空郵件
❹在空欄中填寫自己的姓名

網路相關事項

●在街道中

連鎖咖啡廳及地鐵、百貨公司、飯店等都有提供免費Wi-Fi服務,只要請店員告知密碼即可連線,但其中也有只有中國手機可以連線的店家。此外,街上到處都有網咖(中國稱為「網吧」),費用為1小時15~20元左右。

●在飯店

在中級以上的飯店中,能在客房內使用有線或無線網路的飯店越來越多,只要帶電腦進來就可以連上網路。雖然有很多飯店的連線費用是免費的,還是要在使用前確認一下。此外,如果有商務中心,也可以使用中心內的電腦設備,費用請向櫃台確認。

基本資訊

事先知道飲用水、廁所等習慣上的不同會比較安心。此外，在旅行中與當地人談話交流的話，心情也會變得很雀躍吧。先記住一些在當地需遵守的禮節吧。

＊飲用水

由於自來水是硬水，喝了很容易拉肚子，並不適合飲用。建議喝市售的礦泉水。加冰塊的酒品和刨冰也需要小心。餐廳會提供熱茶，很令人安心。

＊廁所

在上海市區中，觀光設施等的廁所在衛生面上有很大的改善。在郊外也有門的上下方是開放式的簡易廁所。市區中附有衛生紙的廁所越來越多。此外由於馬桶水量較少，有許多地方會將廁所衛生紙丟到旁邊的容器裡。雖然基本上都是免費廁所，若為付費廁所的話需付5角左右的費用。

＊電壓與插頭

電壓為220伏特，從台灣帶去的電器需要變壓器。插座形狀大多混合了許多種類型，若是B、C、O型的插頭即可對應。直接帶全套插頭的話就準備萬全了。

＊垃圾桶

在上海的步道、公園、觀光設施等到處都設有垃圾桶。垃圾桶分為「可回收物、有害垃圾、其它垃圾」或是「有機、無機」等，也有用英文或標誌標示，遵守分類丟垃圾吧。

＊度量衡

食品的重量等一般採市用制

長度	1米(公尺)＝1m
重量	1公斤＝1kg
	1斤(市用制)＝500g
容量	1公升＝1ℓ
面積	1平方米＝1m²

＊營業時間

餐廳	⏰10時30分左右～14時左右、17～21時左右 (視店鋪而異)
百貨公司	⏰10～21時左右 (視店鋪而異)
銀行	⏰9時～16時30分左右　休週六、日 (也有週六、日營業的銀行以及有午休的銀行)
辦公室	⏰9～18時左右　休週六、日

＊尺寸比較表

中國服飾等的尺寸使用歐洲式表記法，S、M、L或是身高（公尺法）來表示。
關於中國與台灣尺寸對照請參考下表。

女性服飾	台灣	S	M	L					
	中國	84-86	88-90	92-96					
男性服飾	台灣	S	M	L					
	中國	96-98	108-110	118-122					
女性鞋子	台灣（公分）	22.5	23	23.5	24	24.5	25	25.5	26
	中國（尺碼）	35	36	37	38	39	40	41	42
男性鞋子	台灣（公分）	24.5	25	25.5	26	26.5	27	27.5	28
	中國（尺碼）	39	40	41	42	43	44	45	46

各項需要遵守的禮節

「禁止拍照攝影」

寺院或教會的建築物內部、佛像、美術館等大多禁止攝影。在上海博物館中，會因為燈光而損壞的書畫展覽室中禁止使用閃光燈。上述各個地方都會有禁止的標示，要拍照時記得確認。另外，未經許可將鏡頭朝不認識的人也很沒有禮貌，請獲得對方許可後再拍照。

「關於抽菸」

自2017年3月起室內全面禁止吸菸，地鐵設施內、車內、寺院博物館等公共設施或餐廳當然也禁止吸菸。也禁止隨地丟菸蒂，若違反的話，也有可能會被懲處50～200元人民幣，請小心留意。

「為了開心喝酒」

在餐廳或公共場合喝到爛醉、喝醉喧鬧等的行為在中國被視為相當丟臉的事情。中國的白酒（蒸餾酒）有許多超過50度的種類，酒精濃度非常高，因此要明白自己的酒量，小心別宿醉了。順帶一提，紹興酒等黃酒（釀造酒）為15度左右，中國品牌的啤酒則大約4～12度，因此可以輕鬆搭配料理享用。

「在餐廳」

雖然就算在高級餐廳也不用繫領帶或盛裝打扮，但還是避免穿著短褲或拖鞋等比較保險。可以請服務人員帶位，如果有特別需求，就當場告知吧。吃飯時，湯類要用中式湯匙飲用，沒有以口就杯子啜飲的習慣，先記住這幾點吧。

旅行的突發狀況

生病時

如果生病症狀變嚴重了，就馬上前往醫院就診。要叫救護車，就撥打120（警察為110，警察交通事故為122）。在飯店只要聯絡櫃台，服務人員就會安排醫生看診。若有加入保險，聯絡當地的中文緊急救援櫃台，人員就會為你介紹合作醫院。此外，海外的藥品也有可能會跟自己的體質不合，攜帶平常習慣服用的藥物較佳。

■通英文的醫院

上海浦東森茂診療所　別冊MAP P8-B1
陸家嘴環路1000號 恒生銀行大廈3F
(021)68410385

上海瑞新醫療中心　別冊MAP P14-A4
南京西路1376號 上海商城西棟2F
(021)64455999（24小時對應）

上海瑞林診所　別冊MAP P2-B3
仙霞路88號 太陽廣場東塔1F　(021)62082255

遭竊・遺失時

上海市區相較之下治安較好，但還是要小心扒手或順手牽羊等輕微犯罪。當遭竊時，令人難過的是幾乎沒有辦法拿回自己的東西。為了讓損失降到最小，快速又正確的處置是非常重要的。

護照

1. 前往公安機關報失
前往當地公安機關報失，並請該機關發行護照遺失證明。同時遺失台胞證者，需要在此辦妥臨時台胞證。在飯店內遭竊、遺失時，應需要也可以請飯店發行證明書。

2. 申請護照補發
目前台灣在中國沒有可以補發或申請護照的設施，如要申請補發護照及入國證明書，需經由陸路前往位於香港或澳門的台北經濟文化辦事處辦理。但無論是在中國或是港澳，均需準備下列文件：
① 身分證、駕照、健保卡等可證明身分之文件。
② 護照遺失證明
③ 台胞證（或臨時台胞證）

3. 向航空公司提交歸國所需資料
備妥步驟2所說明之文件後，即可請出發之航空（船舶）公司將資料轉送國內機場或港口之內政部移民署國境事務大隊核准後，即可直接搭機返台。

信用卡

1. 聯絡信用卡公司
為防止盜刷，要聯絡信用卡公司並請他們停卡。在報失時，需要告知卡片的號碼跟有效期限。

2. 前往公安機關報案
為當作遭到盜刷時的說明，要請公安機關發行竊盜（遺失）報案證明書。

3. 重新發卡
關於重新發卡所需的時間依發行公司而異，比較早的公司當天即可發行。

旅行支票

1. 聯絡發行機關、向公安機關報案
為防止盜用，要立即聯絡發行銀行或分行。通常在發行支票時拿到的說明書上會寫有緊急情況的聯絡地址。前往當地的公安機關領取竊盜（遺失）證明書吧。

2. 向發行銀行或其分行申請重新發行
聯絡後，要準備竊盜（遺失）證明書及護照、購買時拿到的收據，並打電話給發行機關。如果沒有發行時的收據，或是旅行支票上的2處皆已簽名、或是兩處皆未簽名的話，就無法重新發行。

行李

1. 向公安機關報案
向公安機關報案，並請求發行竊盜（遺失）報案證明書。

2. 回國後，申請理賠
若有加入海外旅行傷害保險，並有申請行李損失保險的話，回國後就儘速聯絡保險公司以辦理手續。申請理賠需要當地公安機關發行的竊盜（遺失）報案證明書。

對應突發狀況的 **10** 種方法

① 在出發前影印護照，並準備備用照片。

② 關於信用卡，要先把緊急聯絡方式以及卡片號碼記錄下來。在付款時一定要確認金額後再簽名，拿到的收據要在自己眼前處理掉。

③ 旅行支票要保管購買時拿到的收據，並先知道未使用的餘額。

④ 在機場或飯店中顧著辦手續或聊天時，很容易遭到順手牽羊。把行李夾在兩腳之間，手提包之類的就抱在手中吧。此外，在餐廳吃飯時要留意掛在椅背上的上衣和包包。

⑤ 很常發生過在兌換貨幣後被跟在後面的人搶走包包，或是有被從背後逼近的摩托車超車並順手牽羊的案例。行李不要拿在車道那邊，單肩包則要用斜背方式帶在身上。

⑥ 貴重物品或現金等要寄放在飯店櫃台或是保險箱內。此外，在外出時把現金、旅行支票、信用卡分散放在不同地方的話，發生突發狀況時的損害也比較少。

⑦ 在鬧區等有發生被人親暱搭話後被拉至俱樂部等，在結帳時被迫給付不正當的金額的例子。即使有人一派輕鬆地向你搭話，也不要輕易跟著他走。

⑧ 雖然在上海的交通號誌每年都越來越有效用，還是有不遵守號誌的車輛，所以在過馬路時要注意左右邊來車。即使有很多人在斑馬線以外的地方直接穿越馬路，也別模仿他們的行為，就算麻煩還是走天橋或是斑馬線吧。

⑨ 夜晚時女性單獨行動時當然不用說，就算是以少人數聚在一起外出，也要儘量避免人煙稀少的巷子。

⑩ 像是生魚片等生食要去住在上海的日本人會去的店家吃比較安全。由於很有可能會感染肝炎，要避免飲用生水，記得在較衛生的店裡食用煮熟後的食品。

攜帶護照

在中國滯留的16歲以上外國人，有隨身攜帶護照等身分證明書的義務。違反的話會被警告或懲處罰金。

出發前 Check

外交部領事事務局

旅外安全專頁
可以確認欲前往國家之安全狀況、緊急狀況措施等。
🖥 https://www.boca.gov.tw/np-5-1.html

在當地有什麼突發狀況的話

台灣海峽兩岸觀光旅遊協會上海辦事分處
Taiwan Strait Tourism Association Shanghai Branch Office

地址：上海市黃浦區西藏中路168號都市總部大樓1002單元
電話：86-21-6351-0909
傳真：86-21-6351-0696
網址：http://tst.org.tw/zh-tw
信箱：taiwan@tlhsh.org

[緊急電話號碼]
救護車 📞120
警察 📞110

※ 最近發生許多被中國女性邀去喝茶受害的例子。就算同樣是女生也還是要小心。

台灣國內

●台胞證辦理
請洽各大旅行社

●航空公司
中國南方航空
　📞(02)2509-9555
中國東方航空
　📞412-8118（手機直撥+03）
中國國際航空
　📞002-86-10-95583
立榮航空
　📞訂位電話：(02)2501-1999
中華航空
　📞(02)412-9000
長榮航空
　📞080-009-8666
上海吉祥航空
　📞002-86-21-95520
春秋航空
　📞002-86-21-95524

●機場
桃園國際機場
　第一航廈服務電話
　📞(03)273-5081
　第二航廈服務電話
　📞(03)273-5086
臺北松山機場
　國內線服務台
　📞(02)8770-3460
　國際線服務台
　📞(02)8770-3430
高雄國際航空站
　國內線
　📞(07)805-7630
　國際線
　📞(07)805-7631

●其他交通機關
臺北大眾捷運股份有限公司
　📞(02)218-12345（24小時客服專線）
桃園捷運
　📞(03)286-8789
交通部臺灣鐵路管理局
　📞0800-765-888（限市話）；
　📞(02)2191-0096（市話、手機）
台灣高鐵
　📞(02)4066-3000
國光客運
　📞0800-010-138
長榮巴士
　📞0800-231-035
大有巴士
　📞0800-088-626

◇外交部／檢疫／海關等
外交部領事事務局
　📞(02)23432807 或
　📞(02)23432808
中部辦事處
　📞(04)22510799
南部辦事處
　📞(07)2110605
東部辦事處
　📞(03)8331041
雲嘉南辦事處
　📞(05)2251567
行政院農業委員會動植物防疫檢疫局
　📞(02)2343-1401
　🖥 www.baphiq.gov.tw/index.php
財政部關務署
　📞0800-005-055（海關免付費單
　　一服務電話）
　🖥 web.customs.gov.tw/

◇國際電話
請參考 P118

◇宅配
FedEX
　📞0800-075-075（免費客服電話），
　　或撥打:(02)2181-1973
DHL
　📞0800-769-888（24小時客服專線）

上海

●大使館、領事館
台灣在大陸地區無領事館、大使館，如有
疑問可洽詢我國設於香港、澳門之經濟文
化辦事處
台北經濟文化辦事處（香港）
　香港金鐘道89號力寶中心第一座第40樓
　📞(852)2530-1187（上班時間）
　非上班時間請撥
　📞(852)9314-0130
　🖥 www.tecos.org.hk/
台北經濟文化辦事處（澳門）
　澳門新口岸宋玉生廣場411-417號皇朝
　廣場5樓J-O座
　📞(853)28306289
　詳情可參考 P123

●緊急電話
警察局　📞110
警察局（交通事故）　📞122
救護車　📞120
火災（消防局）　📞119

●旅行社
JTB 上海
　📞021-6473-0775
上海春秋旅行社
　📞021-6252-0000

●為外國人開設的主要醫院
上海浦東森茂診療所
　📞021-6841-0385
上海瑞新醫療中心
　📞021-6445-5999

●航空公司、機場
日本航空　📞4008-88-0808
全日空（上海）📞4008-82-8888
達美航空　📞400-120-2364
中國國際航空　📞95583
中國東方航空　📞95530
上海浦東國際機場　📞021-96990
上海虹橋國際機場　📞021-96990

●信用卡公司緊急聯絡電話
JCB 貴賓服務中心 (適用於白金卡以上各卡種)
　📞4001-205972
Visa 全球緊急服務中心
　📞1-303-967-1090
Mastercard
　📞1-636-722-711（全球緊急服務聯絡）
美國運通卡
　📞00-800-2100-1266（全球免付費
　　服務電話）
Diners Club 臺灣大來國際信用卡公司
　📞00-886-2-8725-5481

I N D E X
索引

INDEX

購物

美容保養&夜周娛樂&劇場、廳院

時尚・可愛・慢步樂活旅

ララチッタ

上海
SHANGHAI

國家圖書館出版品預行編目（CIP）資料

上海 / JTB Publishing, Inc.作；
王姮婕翻譯. —— 第一版. ——
新北市 ： 人人, 2019.07
面； 公分. ——（叩叩世界系列 ; 21）
ISBN 978-986-461-184-3（平裝）

1.旅遊 2.上海市
672.0969   108006601

【 叩叩世界系列 21 】
上海

作者／JTB Publishing, Inc.
翻譯／王姮婕
編輯／林庭安
校對／陳宣穎
發行人／周元白
排版製作／長城製版印刷股份有限公司
出版者／人人出版股份有限公司
地址／23145 新北市新店區寶橋路235巷6弄6號7樓
電話／（02）2918-3366（代表號）
傳真／（02）2914-0000
網址／http://www.jjp.com.tw
郵政劃撥帳號／16402311 人人出版股份有限公司
製版印刷／長城製版印刷股份有限公司
電話／（02）2918-3366（代表號）
經銷商／聯合發行股份有限公司
電話／（02）2917-8022
第一版第一刷／2019年7月
定價／新台幣350元
　　　港幣117元

日本版原書名／ララチッタ　上海
日本版發行人／宇野尊夫
Lala Citta Series
Title: SHANGHAI
© 2017 JTB Publishing, Inc.
All rights reserved
First published in Japan in 2017 by JTB Publishing, Inc. Tokyo
Chinese translation rights arranged with JTB Publishing, Inc.
through CREEK & RIVER Co., Ltd. Tokyo
Chinese translation copyrights © 2019 by Jen Jen Publishing Co., Ltd.

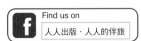

Find us on
人人出版・人人的伴旅

人人出版好本事
提供旅遊小常識＆最新出版訊息
回答問卷還有送小贈品
部落格網址：http://www.jjp.com.tw/jenjenblog/

從這裡拆下來

Lala♪ Citta

ララチッタ

上海

別冊 MAP

CONTENTS

MAP 記號索引

Ⓗ 飯店		⊤ 郵局	
❶ 觀光服務處		⊞ 醫院	
Ⓜ 地鐵站		⊗ 警察局	
✈ 機場		◆ 學校·市公所	
⚲ 巴士站		卍 寺院	
♕ 銀行			

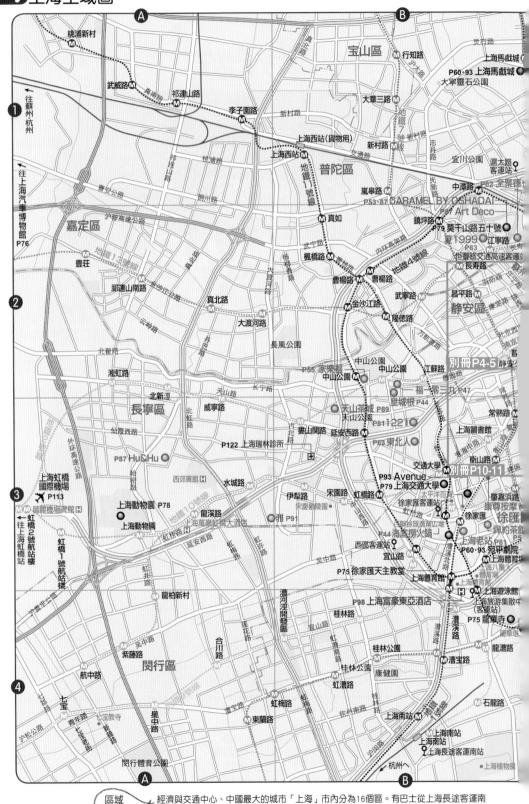

區域 Navi — 經濟與交通中心、中國最大的城市「上海」市內分為16個區。有巴士從上海長途客運南站（MAP／B4）開往郊外的蘇州與杭州。

C　　　　　　　　　　　　　　D

北新涇站
廣中路
赤峰路
中山北二路
同濟大學
江浦路
黃興路
楊浦站
復興島
延長路
閘北公園
虹口足球場
曲陽路
四平路
鞍山新村
和平公園
江浦公園
楊浦公園
愛国路
隆昌路
地鐵12號線
1

北區客運站
虹口區
魯迅公園 P78
上海魯迅紀念館 P77
郵電新村
魯迅故居 P77
東江灣路
楊浦區
寧国路
長白新村
長陽路
黃浦江
楊樹浦路
浦東大道
中山北路
道濟醫院
多倫路文化名人街 P79
西藏北路
東寶興路
海倫路
臨平路
國際客運中心
提籃橋
大連路
平涼路
德平路
閘北區
巴比饅頭 P48
中興路
寶山路
四川北路
上海郵政博物館 P76
大連路隧道
VUE Bar P61
源Spa P57
上海外灘茂悦大酒店 P95
北洋涇路

2

上海火車站
上海鐵路博物館 P76
天童路
曲阜路
外白渡橋 P79
廣家菜 P85
陸家嘴
浦東新區
源深体育中心
民生路
張楊路
太平洋百貨 LeSportsac
漢中路
新閘路
南京東路
別冊P6-7
東方明珠
別冊P8-9
羽山路
楊高中路

別冊P16-17
自然博物館
入民広場
世紀大道
東昌路
上海淳大萬麗酒店 P95

冊P14-15
人民公園
別冊P18-19
延安東路
延安東路隧道
渡輪 水上巴士乘船処
商城路
世紀大道
上海公安局出入境管理局
上海科技館
花木路

別冊P12-13
豫園
豫園 P98
上海中油陽光大酒店 H
世紀公園

新天地
淮海公園
新天地
老碼頭 P40
Kebabs on The Grille P40
壹號會所 P40
鼎韻 P40
浦電路
上海卓美亞喜馬拉雅酒店 P97
花木路

冊P20-21
陝西南路
新天地
老西門
班比諾義大利餐廳 P40
塘橋
藍村路
上海浦東喜樂登自由大酒店 P94
世紀公園
龍陽路

嘉善路
馬當路
陸家浜路
蓬来公園
南浦大橋
上海兒童醫學中心
磁浮地鐵
往上海浦東機場
3

上海公安博物館
魯班路
大木橋路
世博會博物館
地鐵13號線
臨沂新村
地鐵7號線
芳華路
往上海浦東機場
往上海迪士尼度假區 P8
上海浦東機場華美達廣場酒店 P98

安路
中山南二路
世博大道
燿華路
雲台路
高科西路
高科西路
楊高南路
錦繡路
4

華中路
華業路
長清路
成山路
德州路
地鐵6號線
東明路
川楊河
楊思
高青路

後灘
龍耀路隧道
龍耀路
東方體育中心
華夏西路
上南路
靈岩南路
浦三路
御橋

N
0　　1km

C　　　　　　　　　　　　　　D

● 觀光景點　● 餐廳・咖啡廳　● 商店　● 美容保養　● 夜間娛樂　H 飯店

♪靜安寺～南京西路

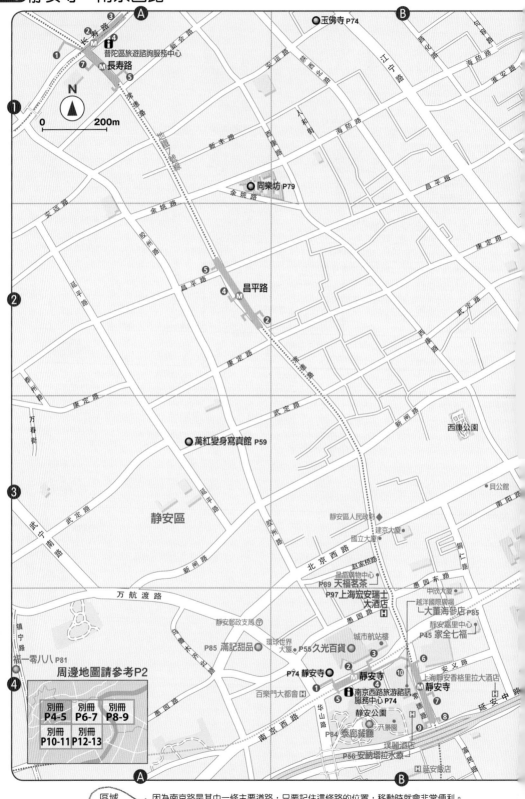

區域
Navi
因為南京路是其中一條主要道路，只要記住這條路的位置，移動時就會非常便利。
從南京西路站周邊的購物中心到靜安寺（MAP／B4）約需步行25分。

C

蘇州河（吳淞江）

一天下大廈

⑤
⑥
漢中路
⑩
M⑦

長安路

●天目西路派出所
●金峰大廈

恒丰路

光夏路

閘方新路

D

蘇州河 新閘橋
（吳淞江）

曲阜西路

閘北區

裴錦秋實驗學校 ◆橋
新
石

新閘路
●新聞路 M ①

①

地鐵1號線

地鐵3號線

H上海良友飯店

南北高架路

新閘路

良友大廈

山海关路

成都北路

新昌路

青島路

宫膏大酒店

安豐大樓

恒瑩大樓

●夏定东路

蘇州河（吳淞江）

西苏州路

北安路

泰興路

武定西路

武定路

錦康酒店 H
中康大廈

地鐵12號線

靜安體育中心 ●
和一大廈

昌北路

●茂盛大廈

振安廣場

P75 中國勞動組合書記部舊蹟 ●

③ ④
自然博物館 M⑤
⑥

中国工商银行
汉路
② ①

田石门二路地段医院

●现代建筑设计大庆

◆育才初级中学

田石门二路局

石门二路

山海关路

●上海自然博物館 P76

北京西路

大田路

凤阳路

嘉发大厦

田長征醫院

新昌路

新闸路

江宁路

鄧迪克大廈 ●
康樂大樓 ●

興業銀行

銀發大酒店 H

美琪大戲院

梅龍鎮廣場

海美麗園全套房酒店 H

中信泰富廣場
●恒隆廣場 (Plaza 66)

地鐵2號線

海波思特曼麗思爾頓酒店

泰興路

北京西路

南汇路

●市政協

愛國學校 ◆

泰興路

孝贤路

别冊P14-15

秦贤路

南京西路

②
③

① ⑭
南京西路
海港賓館

M
茂名北路

⑬

⑫

吴江路

⑪

田公惠医院

⑤
⑩
石
门
⑨ 一
路 M
⑦
⑧
上海四季飯店 H

⑥

上海外國語大學附屬中學

上海市公證局

上海市武術院 ◆
廣電大廈 ●

青海路

别冊P20-21

海东路

上海銀行 ⑦

上海展覽中心 ●

●上海商賢

WC

上珍軒 ●

延安高架路

H上海陝西商務酒店

东方海外大廈 ●

馬勒別墅酒店 H

H城市酒店

陕
西
南
路

巨鹿路

威海路

江阴路
●花鸟市场

⊗人民廣場派出所

人民廣場
派出所

威海路

大沽路

中共二大会址 ●

延安中路

WC

巨鹿路

成都南路

瑞金二路

黄浦區

関心大劇院

新錦江大飯店 H

巨鹿路

进贤路

茂
名
南
路

向明中學 ◆

復興商廈 ●

◆上海社會科學院

长乐路

復興商慶 ●

C

D

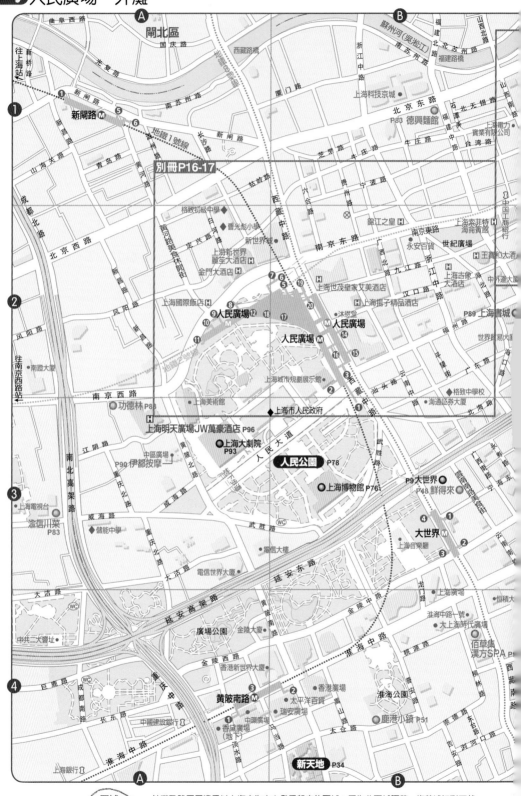

區域
Navi

外灘及豫園周邊是以上海市為中心發展起來的區域。因為此區域隔著一條黃浦江對面就
是浦東，也有浦西之稱。由於從外灘到豫園意外地遠，建議搭乘計程車移動。

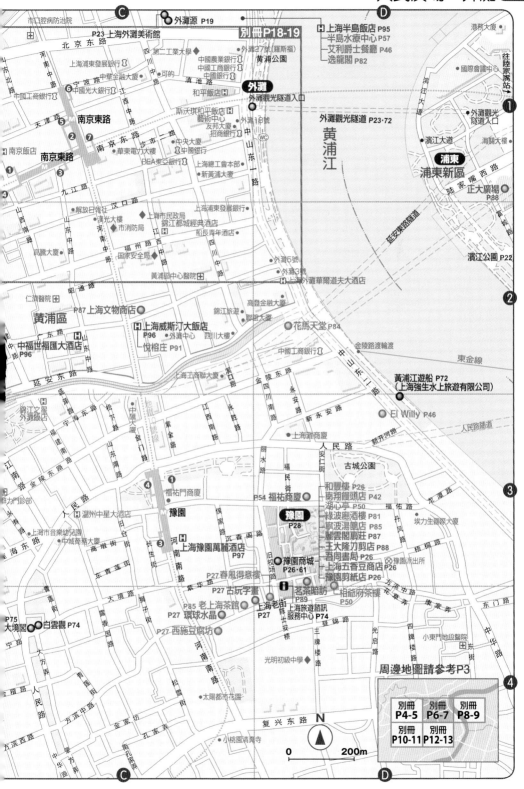

別冊P18-19

外灘源 P19

P23 上海外灘美術館

H 上海半島飯店 P95
半島水療中心 P57
艾利爵士餐廳 P46
逸龍閣 P82

外灘27號(羅斯福)

黃浦公園

第二工業大學

中國農業銀行
中國工商銀行
中國銀行

外灘

上海浦東發展銀行
中華金融大廈

可的

滇池路

外灘觀光隧道入口

北京東路

市口腔病防治院

港務大廈

國際會議中心

往陸家嘴站

外灘觀光隧道入口

和平飯店

外灘觀光隧道 P23·72

中國工商銀行
中國光大銀行

南京東路

斯沃琪和平飯店
藝術中心
友邦大廈
招商銀行

黃浦江

濱江大道

海關大樓

外灘18號

浦東

南京飯店

南京東路

華東電力大樓

BEA東亞銀行

中山東一路

沙市

中央大廈
中國銀行

浦東新區

新黃浦大廈

上海浦東發展銀行

正大廣場 P88

九江路

解放日報社
濮光大樓

上海市民政局
市消防局

錦江都城經典酒店
船長青年酒店

漢口路

延安東路隧道

濱江公園 P22

高騰大廈

福州路

國家安全局

黃浦區中心醫院

外灘5號
外灘3號
上海外灘華爾道夫大酒店

仁濟醫院

P87 上海文物商店

昭通路

高登金融大廈
錦江旅遊
聯誼大廈

花馬天堂 P84

黃浦區

H 上海威斯汀大飯店 P96
悅榕庄 P91

外灘中心
四川大廈

中國工商銀行

金陵路渡輪站

東金線

中福世福匯大酒店
P96

上海卫巧聯大廈

黃浦江遊船 P72
(上海強生水上旅遊有限公司)

延安東路

上海衣城大廈

錦江之星
外灘店

新永安路

中匯大廈

上海灘商廈

El Willy P46

人民路隧道

福祐門商廈

豫園

古城公園

上海豫園萬麗酒店 P97

P54 福祐商廈

和豐樓 P26
南翔饅頭店 P42
湖心亭 P50
綠波廊酒樓 P81
寧波湯團店 P85
麗雲閣扇莊 P87
王大隆刀剪店 P88
吾同書局 P26
上海五香豆商店 P26
豫園剪紙店 P26

溫州中星大酒店

埃力生國際大廈

上海市音樂幼兒園

豫園商城

豫園派出所

中城商業大廈

豫園
P28

春風得意樓 P89

豫園商城 P26·61

相爺府茶樓 P50

力诊部

P27 古玩字畫
P85 老上海茶館
P27 環球水晶
P27 西施豆腐坊

名茶暗訪

上海老街
上海旅遊諮訊
服務中心 P74

P75
大境閣

白雲觀 P74

光明初級中學

周邊地圖請參考P3

太陽都市花園

小桃園清真寺

復興東路

N

0   200m

別冊
P4-5

別冊
P6-7

別冊
P8-9

別冊
P10-11

別冊
P12-13

♪浦東

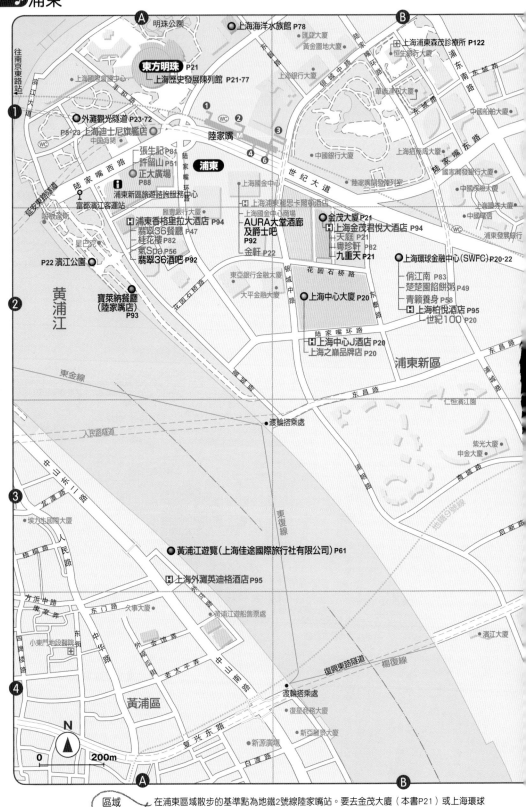

明珠公園

Ⓐ

Ⓑ

● 上海海洋水族館 P78

匯亞大廈
黃金置地大廈

⊞ 上海浦東森茂診療所 P122
恒生銀行大廈

東方明珠 P21
上海歷史發展陳列館 P21·77

上海國際貴賓中心

上海銀行大廈

華能聯合大廈

中國船舶大廈

往南京東路站

玥江大廈

① 外灘觀光隧道 P23·72
P8·23 上海迪士尼旗艦店

中國海關

WC

Ⓘ

張生記 P81
許留山 P51
● 正大廣場 P88

Ⓙ浦東新區旅遊諮詢服務中心

富都濱江客運站

哈根達斯

星巴克

①

WC

②

③

陸家嘴 Ⓜ

世紀大道

陸家嘴發展陳列室

④

⑥

中國銀行大廈

國家開發銀行大廈

陸家嘴東路

上海招商局大廈

中國保險大廈

上海海關大樓

中國郵電

浦東發展銀行

浦東

● 上海國金中心
⊞ 上海浦東麗思卡爾頓酒店
上海國金中心商場

延安東路隧道

陸家嘴西路

⊞ 浦東香格里拉大酒店 P94
翡翠36餐廳 P47
桂花樓 P82
氣Spa P56
翡翠36酒吧 P92

● 金茂大廈 P21
⊞ 上海金茂君悅大酒店 P94
天庭 P21
粵珍軒 P82
九重天 P21

AURA大堂酒廊
及爵士吧
P92

金軒 P22

花園石橋路

● 上海環球金融中心(SWFC) P20·22

俏江南 P83
楚楚園餡餅粥 P49
青籟養身 P58
⊞ 上海柏悅酒店 P95
世紀100 P20

P22 濱江公園 ●

寶萊納餐廳
(陸家嘴店)
P93

東亞銀行金融大廈

大平金融大廈

銀城中路

● 上海中心大廈 P20

花園石橋路

浦東新區

東昌路

黃浦江

陸家嘴環路

⊞ 上海中心J酒店 P20
上海之巔品牌店 P20

仁恒濱江園

紫光大廈

申金大廈

商城路

②

東金線

中山東二路

人民路隧道

● 渡輪搭乘處

③

埃方生國際大廈

珠珠藍

人民路

● 黃浦江遊覽(上海佳途國際旅行社有限公司) P61

東復線

藏龍路

啟新路

濱江大廈

⊞ 上海外灘英迪格酒店 P95

方浜中路

喬家路

東門路

久事大廈

渡輪江遊船售票處

小東門地段醫院

外倉橋街

外馬路

中華路

中山南路

老太平街

復興東路隧道

楊復線

④

黃浦區

● 渡輪搭乘處

復星商務大廈

● 新亞耀景大廈

四牌樓路

夏興東路

● 新源廣場

白渡路

N

0   200m

Ⓐ

Ⓑ

區域
Navi
在浦東區域散步的基準點為地鐵2號線陸家嘴站。要去金茂大廈(本書P21)或上海環球
金融中心(SWFC)(本書P20)的話,從6號出口出發較便利。

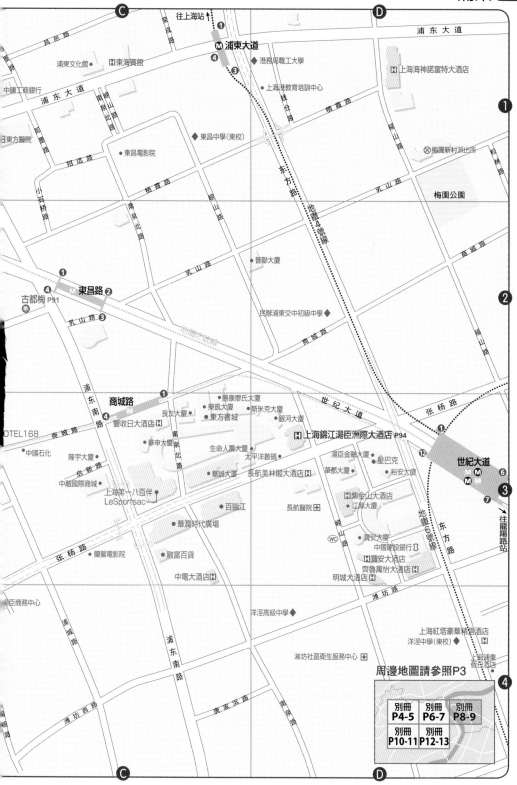

往上海站↑
M 浦東大道
港務局職工大學
上海港教育培訓中心
浦東文化館 ● H 東海賓館
中國工商銀行
浦东大道
日東方醫院
東昌中學(東校)
東昌電影院
上海海神諾富特大酒店
梅園新村派出所
梅園公園
普聯大廈
1 東昌路 2
古都梅 P91
民辦浦東交中初級中學
1 商城路
勝康廖氏大廈
樂凱大廈
斯米克大廈
銀河大廈
良友大廈
商城路
豐收日大酒店
華申大廈
生命人壽大廈
太平洋數碼
世紀大道
上海錦江湯臣洲際大酒店 P94
湯臣金融大廈
星巴克
裕安大廈
M 世紀大道
隆宇大廈
華誠大廈
長航美林閣大酒店
華都大廈
張杨路
中藏國際商城
上海第一八百伴
LeSportsac
紫金山大酒店
江蘇大廈
隆百江
長航醫院
華潤時代廣場
張杨路
蘭馨電影院
融富百貨
寶安大廈
中國建設銀行
寶安大酒店
齊魯萬怡大酒店
明城大酒店
中電大酒店 H
洋涇高級中學
上海紅塔豪華精品酒店
洋涇中學(東校)
上海浦東假日酒店
濰坊社區衛生服務中心

周邊地圖請參照P3

別冊 P4-5	別冊 P6-7	別冊 P8-9
別冊 P10-11	別冊 P12-13	

● 觀光景點　　● 餐廳・咖啡廳　　● 商店　　● 美容保養　　● 夜間娛樂　　H 飯店

09

♪衡山路

Ⓐ　　　　　　　　　　　　Ⓑ

南京西路

⑧ 國際貴都大酒店
靜安區
● 大勝胡同 P79

上海希爾頓酒店
華東醫院⊞
⑧ 蔡元培故居 P75

上海戲劇學院◆
● 上海美麗園龍都　　　延安高架路
P98 大酒店⊞
● 上海日航酒店⊞　　　⑧ 上海賓館 P98
P97
往虹橋
席家花園酒家 P81
毛太設計
P86
華山醫院⊞
平安銀行

長乐路

延庆路

長寧區
金苑大廈
● Haptic P87
上海話劇藝術中心●
Baker&Spice
P41
常熟路Ⓜ
常熟路
中國工商銀行

夏興西路

②

③
和平官邸 P41
雍福会 ●
博愛醫院⊞　美國駐上海總領事館◆
品川
P47
無老鍋 P44
德國駐上海總領事館
上海圖書館 Ⓜ
薩莎 P41
LAWSON
● 上海圖書館
青瓏工坊 P41

Franck Bistrot P41
● 圓苑 P80
● 國際禮拜堂 P75

長寧區
永嘉庭
③
衡山路 Ⓜ
● 宋慶齡故居 P75

Kitsch China P55
衡山路 P41

● 名軒 P45

N
200m
富豪環球東亞酒店⊞

沈鈞儒像●
衡山公園
衡山賓館⊞
往徐家匯站
肇嘉浜路 Ⓜ

Ⓐ　　　　　　　　　　　　Ⓑ

區域 Navi　設有各國總領事館，以日本為首有許多海外的外派人員居住的區域。衡山路（MAP／B4）
周邊並列著使用舊法租界時代的建築經營的餐廳與商店。

10

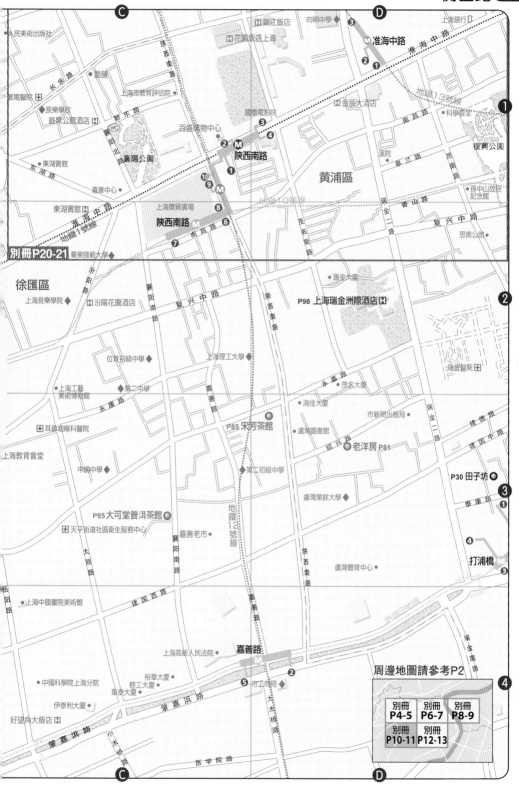

別冊P20-21　華東師範大學◆

徐匯區

周邊地圖請參考P2

別冊 P4-5	別冊 P6-7	別冊 P8-9
別冊 P10-11	別冊 P12-13	

人民美術出版社

長乐路　酷舖

郵電醫院

長樂學校　苗圃公館酒店 H

新东路

東湖賓館

東湖路

嘉華中心

東湖賓館 H　淮海中路

地鐵1號線

錦江飯店　向明中學 ◆ 3

H 花園飯店上海

M 准海中路

2 1

陝西南路

國泰電影院

上海市教育評估院

豫園出 WC

百盛購物中心

3

4

M

陝西南路

黃浦區

上海銀行

地鐵13號線

科學會堂

H 金辰大酒店

南昌路

嵩山路

瑞金一路

復興公園 1

雁院

思南路

孫中山故居記念館

10

9

8

M

陝西南路 M

南昌路

6

7

香山路

復興中路

思南公館

上海環賀廣場

地鐵10號線

上海音樂學院 ◆

汾陽花園酒店

襄陽南路

復興中路

陝西南路

瑞金大廈

P98 上海瑞金洲際酒店 H 2

位育初級中學

上海理工大學 ◆

嘉善路

永嘉路　茂名大廈

上海工藝美術博物館

第二中學

永康路

海佳大廈

市新聞出版局 ●

瑞金二路

建德路

耳鼻喉科醫院 H

盧灣圖書館

弄兴路

建国中路

上海教育會堂

中國中學

P85 宋芳茶館

老洋房 P81

第二初級中學

P30 田子坊 ● 3

1

P85 大可堂普洱茶館 ●

天平街道社區衛生服務中心 H

嘉善老市

盧灣業餘大學 ◆

地鐵12號線

泰康路

4 打浦橋 3

上海中國畫院美術館 ●

建国西路

盧灣體育中心 ●

嘉善路

中國科學院上海分院 ●

上海高級人民法院 ●

嘉善路

2

輕工大廈

華泰大廈

裕華大廈

市工商局 ●

伊泰利大廈 ●

好望角大飯店 H

肇嘉浜路

小木桥路

大木桥路

医学院路

4

● 觀光景點　● 餐廳・咖啡廳　● 商店　● 美容保養　● 夜間娛樂　H 飯店

♪田子坊/新天地

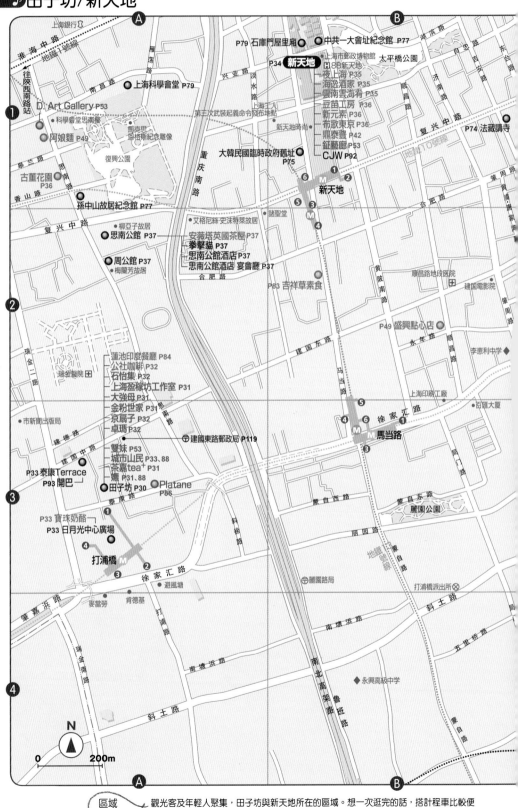

區域 Navi　觀光客及年輕人聚集，田子坊與新天地所在的區域。想一次逛完的話，搭計程車比較便利。復興中路（MAP／A～C1）、西藏南路（MAP／C1～4）等大路比較好招到計程車。

中华路
復興东路
中华方浜
静修路
青莲街路
柳江街
河南路
巡道街
梅家街
中华路

老西門茶广场
老西門
Ⓜ Ⓜ 老西門
国際广场

P75 文廟

区少年宫
文廟街楼門

尚文中学
小南門
中国聚業銀行
小東門派出所 ⊗

南门大廈

老西門地段医院 ⊞
第十中学
黄浦区中西医結合医院 ⊞
敬業初級中学

乔家路
光启南路
蓬莱桥街
先楼柯街
吾園街
凝和路
賈家路
東江陰街

永恵大廈
安基大廈
建国新路
婦産科医院
安楽大廈
大吉路
方斜路
瀘南体育活動中心
明華大廈

大吉路
永宁街
尚文路
中華大廈
蓬来大廈

中華商務大酒店
江陰街
新勧路
南市影劇院
天林路
大興路
沙家街路
新世紀大廈

市南中学
徐龍路
海南西弄
第八中学

陸家浜路
Ⓜ Ⓜ 陸家浜路
会景楼大酒店
陆家浜路
富南大廈
徳宁路

黄浦區

海潮路
海潮西路
海潮東路

恒昌大廈
南陸大厦
銀南大廈
民立路

麗園路
建宁路

誠信大廈

斜土東路
科土東路
車站東路
南国大廈
国貨路

桑塔納大廈
西藏南路
蓬莱公園
半淞園派出所 ⊗

車站支路
南車站路
保屯路
民辦立達中学

大同中学
民辦勁松中学

制造局路
大境初級中学
市第九人民医院 ⊞
羅漢路
大境中学

大同初級中学

中山大楼

地鐵4号線
往浦東

五里桥路
汝南路
三好中学
羅漢路

錢正商務酒店
西藏南路
Ⓜ 西藏南路

中山南路
黄江路
霧暁大楼
馳騁大廈

五愛高級中学
内環高架路
保屯路

周邊地圖請參考P3

別冊 P4-5	別冊 P6-7	別冊 P8-9
別冊 P10-11	別冊 P12-13	

Ⓞ 觀光景點　◉ 餐廳・咖啡廳　◎ 商店　◎ 美容保養　● 夜間娛樂　⊞ 飯店

13

♪南京西路

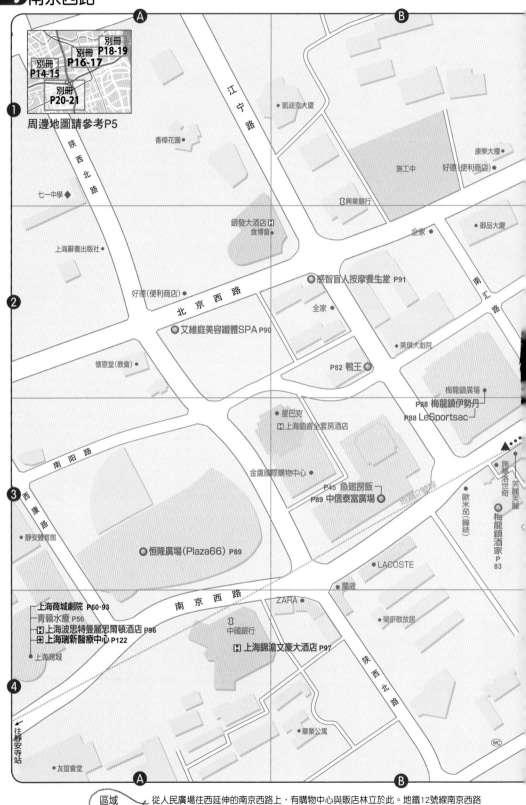

別冊 P18-19
別冊 P16-17
別冊 P14-15
別冊 P20-21

周邊地圖請參考P5

江宁路

陝西北路

凱迪克大廈

香樟花園

康樂大樓

施工中　好德（便利商店）

七一中學◆

興業銀行

銀發大酒店
食博會

全家

御品大廈

上海辭書出版社

北 京 西 路

好德（便利商店）

感智盲人按摩養生堂 P91

艾維庭美容纖體SPA P90

全家

美琪大戲院

懷恩堂（教會）

P82 鴨王

梅龍鎮廣場

P88 梅龍鎮伊勢丹

P88 LeSportsac

南

江

路

星巴克
上海錦睿全套房酒店

南阳路

金鷹國際購物中心

P45 魚翅撈飯
P89 中信泰富廣場

地鐵2號線

施着洛世奇
芙麗芙麗

歐米茄（鐘錶）

梅龍鎮酒家 P83

西康路

靜安體育館

恒隆廣場(Plaza66) P89

LACOSTE

蘭濠

上海商城劇院 P60·93
青籟水療 P56
上海波思特曼麗思爾頓酒店 P96
上海瑞新醫療中心 P122
上海商城

南 京 西 路

ZARA

中國銀行

梁宗敬故居

上海錦滄文豪大酒店 P97

陝西北路

往靜安寺站

華業公寓

友誼會堂

WC

區域 Navi　從人民廣場往西延伸的南京西路上，有購物中心與販店林立於此。地鐵12號線南京西路站周邊是最近備受矚目的開發中區域。

C

D

❶

泰米路

北京西路

◆市政協

● 北泰電信大樓

泰賢路

● 全家

◆愛國學校

泰兴路

MALL818廣場

● 上海真絲商廈

● 全家

風陽路

博愛大廈

地鐵2號線

全家

G2000(時裝)

奉賢路

南京西路

❷

GAP

星巴克

往人民廣場站

❷

佰草集(美妝品)

中國移動通信

南泰大廈

馬莎百貨
(百貨公司)

吳江路

❶❶

● 少年兒童圖書館

H&M

史努比
(時裝)

鴻翔百貨

❸

地鐵3號線

adidas

❶

一茶一座

❺

UNIQLO

南京西路

瑞泰酒店H

M 南京西路

施工中

上海菸草集團
名煙名酒店

滿記甜品

公惠醫院H

❿

上海兒童食品商店

全家

❻

一茶一座

❹

南京西路 M

享達利鐘錶公司
(鐘錶)

NIKE專賣店

南翔饅頭店

小楊生煎館

咖世家

海港賓館H

步行
約3分

堡獅龍(時裝)

凱司令(零食)

鮮芋仙 P51

❾

❼

❸

石門一路

❽

❶❹

M 南京西路

施工中

P96 上海四季酒店H

❶❸

茂名北路

❶❷

威海路

● 全家

好德(便利商店)

WC

● 民立中學

威海大樓

晶采世紀大廈

浙商銀行

上海國際集團
大廈

毛澤東故居

上海汽車工業大廈

❹

好德(便利商店)

威海路

可的(便利商店)

N

● 文匯新民聯合報業大廈

C

D

0   100m

◉ 觀光景點　　◉ 餐廳・咖啡廳　　◉ 商店　　◉ 美容保養　　◉ 夜間娛樂　　H 飯店

15

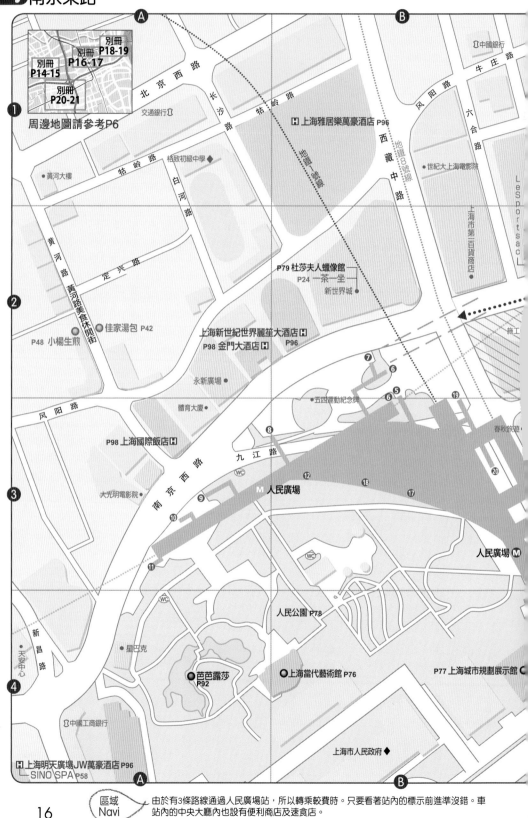

北京西路
交通銀行
長沙路
牯嶺路
西藏中路
中國銀行
牛庄路
六合路
上海雅居樂萬豪酒店 P96
世紀大上海電影院
LeSportsac
上海市第三百貨商店
黃河大樓
牯嶺路
白河路
格致初級中學
地鐵1號線
P79 杜莎夫人蠟像館
P24 一茶一坐
新世界城
黃河路
定兴路
黃河路美食休閒街
佳家湯包 P42
P48 小楊生煎
上海新世紀世界麗笙大酒店
P98 金門大酒店 P96
永新廣場
五四運動紀念碑
施工
春秋旅遊
体育大廈
风阳路
P98 上海國際飯店
南京西路
九江路
大光明電影院
WC
M 人民廣場
人民廣場 M
WC
人民公園 P78
WC
新昌路
天安中心
星巴克
芭芭露莎 P92
上海當代藝術館 P76
P77 上海城市規劃展示館
中國工商銀行
上海市人民政府
上海明天廣場JW萬豪酒店 P96
SINO SPA P58

區域 Navi
由於有3條路線通過人民廣場站，所以轉乘較費時。只要看著站內的標示前進準沒錯。車站內的中央大廳內也設有便利商店及速食店。

C
D

貴州路
宁波路
浙江中路
宁波路
龙泉园路
天津路
福建中路
石潭弄
汤弄
上海張小泉刀剪總店

好德(便利商店)
新光酒家 P43
天津路
広西北路
P25 上海市第壹醫藥商店
香粉弄
謝馥春 P58
真老大房食品公司
揚州飯店
黃隆泰茶莊
肯德基
麥當勞

1

泰康食品(零食)
P24 泰康湯包館
老鳳祥銀樓
第一食品商店
P24 上海市
錦江之星 H
P25 沈大成
南京东路

哈根达斯
H 上海索菲特海倫賓館 P96

2

南京東路
步行約3分
地鐵2號線
永安百貨
寶大祥青少年兒童購物中心
湖北路
GIORDANO(時裝)
九江路
世紀廣場
王寶和大酒店 H

H 上海南新雅大酒店
新雅粵菜館 P82
人民大舞台
H 中福大酒店
上海古象大酒店 H P98

H 上海世茂皇家艾美酒店 P96
上海世茂國際廣場

九江路
華旭國際大廈
中福·時尚地帶
H 上海揚子精品酒店
C-STORE(便利商店)
公安
中福·時尚地帶
浙江中路
漢口路
黃浦區
湖北路
肯德基
福州路

3

沐恩堂
漢口路

M人民廣場
和平影都
招商銀行
王寶和酒家 P43
WC

來福士廣場 P89
春美術館
平望街

天蟾逸夫舞台 P93
中國建設銀行
福州路
広西北路
広東路
號茶新裕程

4

汕頭路
云南中路
西藏中路
都市總部大樓
格致中學
海通證券大廈
市工人文化宮

C
D

N
0 ___ 100m

◉ 觀光景點 ◉ 餐廳·咖啡廳 ◉ 商店 ◉ 美容保養 ◉ 夜間娛樂 H 飯店

17

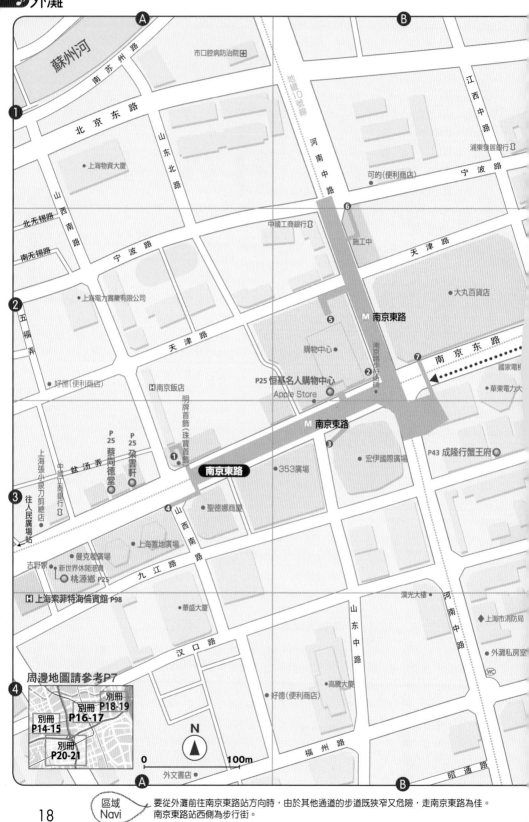

蘇州河

Ⓐ Ⓑ

南 苏 州 路

市口腔病防治院🏥

❶

北 京 东 路

山 东 北 路

地鐵10號線

河 南 中 路

宁 波 路

浦東發展銀行🏦

江 西 中 路

● 上海物資大廈

山 西 南 路

可的(便利商店)●

北无锡路

宁 波 路

中國工商銀行🏦

天 津 路

南无锡路

施工中

❷

五 福 弄

● 上海電力實業有限公司

天 津 路

❺

❻

M 南京東路

大丸百貨店 ●

南 京 东 路

● 好德(便利商店)

❷

❼

南京路步行街碑

國家電梯

購物中心 ●

P25 恒基名人購物中心

● 華東電力大

Apple Store

H 南京飯店

❸

盆汤弄

明牌首飾(珠寶首飾)

蔡同德堂

❶

P25 成隆行蟹王府 🦀

朵雲軒

P25

P25

M 南京東路

● 上海張小泉刀剪總店

❸

● 宏伊國際廣場

中國工商銀行🏦

❸

南京東路

● 353廣場

往人民廣場站

聖德娜商廈

❹

山 西 南 路

● 上海置地廣場

曼克頓廣場 ●

漢光大樓 ●

河 南 中 路

吉野家

新世界休閒港灣

桃源鄉 P25

九 江 路

山 东 中 路

H 上海索菲特海倫賓館 P98

● 華盛大廈

● 上海市消防局

◆ 外灘私房窒

汉 口 路

● 高騰大廈

WC

周邊地圖請參考P7

● 好德(便利商店)

❹

別冊 P18-19

別冊 P16-17

別冊 P14-15

別冊 P20-21

N

0 100m

福 州 路

昭 通 路

Ⓐ

外文書店

Ⓑ

區域 Navi 要從外灘前往南京東路站方向時,由於其他通道的步道既狹窄又危險,走南京東路為佳。
南京東路站西側為步行街。

北京东路

P19 羅斯福酒窖餐廳
P19 羅斯福色戒餐廳
P17·19 外灘27號(羅斯福)

●哈根達斯
●星巴克

P17 中國農業銀行(原揚子保險)

P17 中國工商銀行(原正金銀行)

上海茶源茶業有限公司 P23
P17 中國銀行(原中國銀行總行)
可的(便利商店)

申華金融大廈 ●

滇池路

P57 蔚柳溪
P18 茉莉酒廊
P18 龍鳳廳
P18 老爵士酒吧
P17·18·95 和平飯店

●全家

●陳毅像

外灘 P16·61

→往陸家嘴站

惠羅公司

外灘觀光隧道入口

外灘觀光隧道 P23·72

黃
浦
江

P16·18 斯沃琪和平飯店藝術中心
P18 Shook!
P18 露台

星火日夜(零食)

步行
約3分

沙市二路
沙市一路

中央大廈 ●
中國銀行

外灘18號 P16·19
├ Mr&Mrs Bund P19
P16 AIA ─┤
友邦大廈(原字林洋行) ├ Hakkasan P84
└ Bar Rouge P19

P16 招商銀行(原台灣銀行)

九江路

BEA東亞銀行

四川中路

P16 中國外匯交易中心
(原華俄道勝銀行大樓)

P16 外灘公共服務中心

P16 上海市總工會(原交通銀行)

●新黃浦大廈

●黃埔公園 P23
└ 散步甲板

上海銀行

廣東發展銀行

良友(便利商店)

汉口路

聖三一堂
WC

P17 上海海關(原海關)

●廁所

◆上海市民政局

P17 上海浦東發展銀行

黃浦區

P92 藍調爵士花園酒吧
P52 Suzhou Cobblers
全家 ●
錦江都城經典酒店
船長青年酒店

●海上青花 P86

●夏姿·陳旗艦店 P17
●安梨家居 P52

P17 盤谷銀行

福州路

●福州大樓

元芳弄

P16 外灘6號

江
西
中
路

P16 外灘5號
P84 米氏西餐廳

●滬申畫廊 P76
Jean Georges P84

P16·95 上海外灘華爾道夫大酒店

黃浦區中心醫院

外灘3號 P16

華爾道夫
酒店廊吧
P93

广东路

●觀光景點　●餐廳·咖啡廳　●商店　●美容保養　●夜間娛樂　☒飯店

♪ 淮海中路

Ⓐ Ⓑ
威海路
科恩國際中心 ● 茂名北路
WC

延安高架路

延安中路

❶
● 上海展覽中心
● 東方海外大廈
P98 衡山馬勒別墅飯店 🅷
陝西南路
全家 ● 城市酒店 🅷
向明初級中學 ●
巨鹿路

静安區
茂名南路
P87 錦繡坊 ◎
進賢路
● 上海市社會文化管理處
P83 南蠻子 ◎
● 蘭心大劇院
P82 久久滴水洞湘菜館 ◎
🅷 錦江飯店 P9˙
❷

🅷 花園飯店上海 P97
● 上海三越 P88

● 酷鋪
長乐路
上海市教育評估院 ●
P38·52 上海灘 ●
郵電醫院 🗗
● 長樂學校
新乐路
國泰電影院 ●
首席公館酒店 🅷
❸
原東正教堂
WC
❸
❹
百盛購物中心 ●
P39UNIQLO
◎ 石宣集 P91
襄陽北路
襄陽公園
❷ M 陝西南路
徐匯區
P59 金枝玉葉 ●
🅷 東湖賓館
P39 南翔饅頭店 ◎
● 巴黎春天
东湖路
● 太平洋廣場
❿
澳門莉蓮蛋鑓 P39
嘉華中心 ●
❾
M 陝西西路
● 東湖賓館 🅷
淮海中路
上海環貿廣場
周邊地圖請參考P5·11
地鐵1號線
福茗堂茶莊 P88 ❽
別冊 P18-19
● 環貿iapm商場 P39
別冊 P16-17
陝西路
❻
別冊 P14-15
襄陽南路
汾陽路
M
別冊 P20-21
❼ 南昌路
陝西南路
● 華東師範大學
Ⓐ Ⓑ

區域 Navi 淮海中路是高級品牌商店及百貨公司櫛比鱗次的區域。由於道路邊有行道樹提供綠蔭，天氣晴朗時也很適合散步。有很多販售仿冒名牌的人，需小心留意。

● 觀光景點　● 餐廳・咖啡廳　● 商店　● 美容保養　● 夜間娛樂　H 飯店

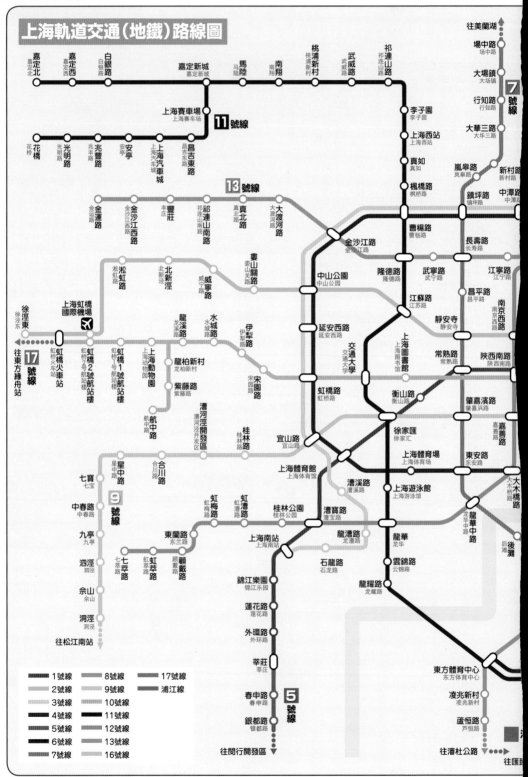

用手一指就能輕鬆點餐

必吃 中國菜清單

以上海菜為首，還有四川菜及北京菜等，上海網羅了中國各地的菜色。
在此精選出從肉類料理、海鮮料理到便宜又好吃的小吃、極品甜點等知名菜色。
用手指出菜色名來點餐吧！

＊肉類料理＊

說到中國的肉類料理，就像台灣人也很熟悉的代表菜色回鍋肉或北京烤鴨一樣，很多料理中都會使用豬肉或雞肉。由於幾乎所有部位都會拿來做菜，甚至到說沒有部位會剩下來的程度，因此種類很豐富。也有使用牛肉或羊肉製作的料理。

扒肘子
●扒肘子

滷豬腿肉，起源自山東地區的料理。爽口的肉被燉煮到用筷子就可以輕易扒開的程度。

上海

南乳醬油方肉
●南乳醬油方肉

將豬肋骨部分的三層肉燉煮至軟嫩而成的料理。所謂的南乳，是讓豆腐發酵後製成的調味料。

上海

北京烤鴨
●北京烤鴨

北京烤鴨可以說是北京菜的代名詞，是相當知名的菜色。要用叫做「餅」的麵皮包住鴨肉與青蔥、小黃瓜及甜麵醬享用。

北京

涮羊肉
●涮羊肉

涮羊肉火鍋，為北京名產之一。將羊肉或蔬菜放進鍋子裡的湯汁涮過後，再沾特製的醬料享用。

北京

芥茉鴨掌
●芥末鴨掌

將鴨子的腳掌到蹼的部分水煮過後，再與芥末醬拌在一起的料理。為有清脆口感的珍饌。

北京

回锅肉
●回鍋肉

回鍋肉，就是炒五花肉與高麗菜、青椒、青蔥而成，大家也都很熟悉的一道菜。有豆瓣醬與甜麵醬的滋味。

四川

麻婆豆腐
●麻婆豆腐

豆瓣醬及椒麻醬等辛香料充分滲進四川產的豆腐，在辛辣中又帶著濃醇風味。據說是成都的陳婆所創造的料理。

四川

辡子鷄
●辣子雞

辣椒炒雞肉。將四川辣椒及花椒等與炸過的雞肉拌炒而成的料理。

四川

糖醋豬肉
●糖醋豬肉

在台灣也很經典的糖醋豬肉。將豬肉塊炸過後與青椒、洋蔥等一起以甜醋拌炒而成。有些地方還會加鳳梨。

廣東

麻皮全乳豬
●麻皮全乳豬

烤全乳豬，為點綴廣東菜宴席的一道料理。與北京烤鴨一樣，烤成焦糖色的外皮部分是最美味的。

廣東

干鍋鷄
●干鍋雞

為湖南菜知名菜色，為湯汁較少的鐵鍋料理「干鍋」中，加了雞肉的種類。有新香料的風味，要與青蔥等蔬菜一起品嘗。

湖南

✲ 海鮮料理 ✲

鄰近大海與大河，附近還有廣闊湖沼的上海，有豐富的螃蟹與蝦子等水產。尤其是名產上海蟹，從蒸全蟹到蟹料理，可以品嘗到以多樣方式製作成的上海蟹。也很想嘗嘗看魚翅或鮑魚等使用高級食材的菜色。

清蒸大闸蟹

●清蒸大閘蟹

清蒸整隻上海蟹。於上海近郊的陽澄湖捕到的螃蟹被認為是最上等的。最好吃的時節是在10～12月間捕到的螃蟹。

上海

蟹粉豆腐

●蟹粉豆腐

淋上勾芡蛋黃的豆腐。螃蟹的鮮味濃縮其中，入口即化的蟹黃與蟹肉勾芡和豆腐相當絕配，堪稱極品。

上海

清炒蟹粉

●清炒蟹粉

將蟹肉及蟹黃與蛋混在一起快炒而成的料理。淋上黑醋品嘗的話相當美味。

上海

老上海油爆虾

●老上海油爆蝦

上海風味醬油拌炒川蝦。炸得酥脆的川蝦裹上有甜辣醬油味的醬汁，讓人忍不住一口接一口。

上海

清炒虾仁

●清炒蝦仁

鹽炒川蝦。蝦子帶有甜味，富有彈性的口感極為美味。調味簡單，也是家常菜的經典菜色。

上海

松鼠桂鱼

●松鼠桂魚

淋上糖醋勾芡醬汁的桂魚。表面切下去的部分在油炸後會突起來，看起來很像松鼠，因此取名為「松鼠桂魚」。

上海

烧海参

●燒海參

燉煮海參。海參料理也是北京的名產之一。「海參」＝海中人參，也有相當的滋養強壯效果。

北京

红烧大鲍翅

●紅燒大鮑翅

燉煮整片魚翅。將廣東菜的高級食材魚翅的背鰭部位乾貨以熱水泡發，再拿去蒸煮，最後用湯汁燉煮而成的料理。

廣東

蝗皇吉品鮑

●蝗皇吉品鮑

以蠔油燉煮鮑魚乾而成的逸品。肉既厚又軟嫩，有深厚的味道。鮑魚也常被用來製作宮廷料理。

廣東

清蒸鲈鱼

●清蒸鱸魚

整隻下去蒸煮的鱸魚。在先用鹽、胡椒等調味後，再整隻下去蒸熟的鱸魚上，放上滿滿的細蔥絲的料理。

廣東

鹊巢海中宝

●鵲巢海中寶

在鵲巢中盛放大量蝦子、昆布、蝴蝶貝、魚等海鮮的料理。擺盤獨出心裁。

廣東

冻花蟹

●凍花蟹

將潮州特產花蟹整隻拿去蒸煮，等冷卻後再享用。螃蟹在蒸煮過後，蟹殼就會變紅，顯現出如花般的花紋。

廣東

干烧明虾

●乾燒明蝦

乾燒蝦子。明蝦裹上了有青蔥、薑的辛香料味的辣醬。蝦子富有彈性的口感令人滿足。

四川

水煮鱼

●水煮魚

四川菜的人氣菜色。淡水魚再放上辣椒與山椒後經過燉煮，清淡的白肉魚與辛辣滋味相當絕配。

四川

✳ 飯、麵類 ✳

較細又有嚼勁的蘇州麵，以及從麵的故鄉：太原傳來的刀削麵等，上海匯集了來自中國各地的知名麵類，無論形狀和口感都很獨特。還有使用鍋巴製成的料理等稀奇的菜色。大部分的餐廳當然也有提供炒飯。

上海炒面
●上海炒麵

上海風味炒麵。特色是將極粗的麵條與蔬菜炒在一起。吃起來有鹹甜的醬油味，比外觀看起來還要爽口。

上海

揚州炒飯
●揚州炒飯

在上海北部的江蘇省揚州市發展出來的料理。拌入切碎的豬肉、蝦子、青蔥等的炒飯相當有名。

上海

担担面
●擔擔麵

四川名產，對台灣人來說也很熟悉的辛辣口味麵品。混合芝麻醬與辣椒而成的醬汁與麵條相當搭，讓人一口接一口。

四川

炸醬麵
●炸醬麵

肉醬麵。以豆醬等炒豬絞肉、竹筍、香菇製成肉醬，將肉醬放在麵上的料理。辣味恰到好處。

北京

刀削面
●刀削麵

用菜刀削切粗棒狀的麵糰，由這種削成像日本的棊子麵一樣平的麵做成的料理。是山西省太原地區的知名菜色。

山西

✳火鍋、湯類✳

許多人會點湯當作副餐。從有份量的餛飩類，到使用燕窩或魚翅等高級食材的湯品都有，種類也很豐富。火鍋類的中國鍋物料理也相當受歡迎。

清湯燕窩
●清湯燕窩

燕窩湯。為使用海燕以唾液固定海藻類築成的巢製成的高級料理，是廣東菜的代表菜色之一。

廣東

酸辣汤
●酸辣湯

辣味與酸味配合地恰到好處、可促進食慾的四川知名湯品。大多會放入雞肉或香菇、竹筍等料。

四川

四川火锅
●四川火鍋

除了四川省以外，也有許多地方用可食用的豆瓣醬調味的辣味火鍋。有菇類或羊肉等各式各樣口味的火鍋。

四川

老鸭汤
●老鴨湯

放進鴨腸或鴨血等的江蘇省鎮江市的傳統湯品。有時候也會放冬粉與油豆腐。調味有些特殊。

上海

油豆腐粉丝汤
●油豆腐粉絲湯

放進豆皮、冬粉的湯，大多會和小吃一起點來吃。有雞骨和咖哩風味等，口味也很豐富。

上海

🍀 菜單的閱讀方法

中國菜的菜名由調理方法、味道、形狀、食材組合而成。若了解菜單上的詞彙的意思的話，應該有助於解讀菜的內容。

味道	調理方法	形狀	食材
●辣(辣)…辣椒的辣味	●炸(炸)…以大量的油去炸	●片(片)…切成薄片	●鱼翅(魚翅)…魚翅
●麻(麻)…花椒的辣味	●煎(煎)…用油煎熟兩面	●丁(丁)…切丁	●鲍鱼(鮑魚)…鮑魚
●甜(甜)…甜味	●烤(烤)…以窯烘烤	●丝(絲)…切成細絲	●猪肉(豬肉)…豬肉
●酸(酸)…酸味	●焙(焙)…以火烘烤	●块(塊)…切塊	●鸡肉(雞肉)…雞肉
●咸(鹹)…鹹味	●包(包)…包裹起來	●花(花)…雕花	●笋子(筍子)…竹筍

✿ 小吃 ✿

雖然以名產小籠包為首，上海有許多像餃子和燒賣等粉製食品，但因為種類豐富，所以怎麼吃都不會膩。像是攤販或餐廳等，小吃在街上任何地方都可以享用，無論是要飽食一頓或是簡單果腹都很適合。

小龙包
●小籠包

從豬肉或蟹肉等經典小籠包，到包了魚翅與松露的口味等，種類相當豐富。先咬破小籠包的邊邊、吸吮湯汁後再一口吃下去。

生煎包
●生煎包

底部煎成焦黃色的小籠包。內餡多汁，外皮酥脆。有名的店家從一大早開始，就聚集了為了吃這道小吃而來的客人。

菜肉蒸饺
●菜肉蒸餃

蔬菜蒸餃。有彈性又厚實的外皮裡，塞滿了韭菜或高麗菜等蔬菜餡料。

三丝春卷
●三絲春捲

包進白菜、香菇、豬絞肉的春捲。外皮酥脆，沒有像外觀看起來這麼油。

珊瑚烧買皇
●珊瑚燒賣皇

包進蝦子與豬肉餡的蒸燒賣。腐皮內塞滿了蝦子與豬肉餡料，放在上面的是紅色的蟹卵。

虾饺
●蝦餃

鮮蝦餃子。半透明的外皮以澄粉製成，為透過外皮可以窺見紅色的蝦子的珍品。富有彈力的蝦子相當有口感。

鲜肉月餅
●鮮肉月餅

包了肉的月餅。是以如派皮般的酥脆外皮，包裹多汁豬肉餡的月餅。也很適合當下酒菜享用。

密汁叉燒腸粉
●蜜汁叉燒腸粉

以米粉製成、口感滑順的薄皮「腸粉」裡，塞滿了叉燒肉塊與香菜等。

✿ 甜點 ✿

說到飯後的樂趣就是甜點。相當受歡迎的布丁和紅豆湯當然不用說，還有包了水果餡的派等許多豐富種類。有許多比台灣甜的甜點。也有可以輕鬆在攤販或是路面店購買的甜點，正好適合在散步途中想休息片刻時，或是邊走邊吃享用。

香芒冻布甸
●香芒凍布丁

芒果布丁。只使用新鮮芒果、雞蛋、牛奶製作，又甜又濃郁的芒果果肉彷彿就要在口中融化。

汤圆
●湯圓

像日本的白玉團子。又稱為湯團、元宵，糖水中放進了芝麻餡或紅豆餡的湯圓。滑溜的口感真是可圈可點。

烧仙草
●燒仙草

仙草凍，帶有如中藥般的微苦香氣相當有特色。有時候會加上芋頭等糧子當配料。

芋圆
●芋圓

芋頭糰子。是以芋頭做成的，口感有彈性的湯圓甜點。會搭配糖水、芒果、紅豆享用。

麻花
●麻花

類似日本的花林糖，個頭頗大的中國傳統點心。很有口感，甜度較低，吃起來很有新鮮感。

回程前 再CHECK一次吧！

託運行李list

- □ 鞋子
- □ 衣服
- □ 內衣
- □ 牙刷組
- □ 洗臉用品
- □ 美妝品
- □ 防曬乳
- □ 洗澡用品
- □ 拖鞋
- □ 常備藥品
- □ 隱形眼鏡／眼鏡
- □ 生理用品
- □ 轉接插頭、
  充電器、充電電池
- □ 環保購物袋
- □ 折傘
- □ 太陽眼鏡
- □ 帽子

再檢查一次行李，別忘記買伴手禮喔！

帶上機內的手提行李有重量及尺寸的限制，每家航空公司都不一樣，需事先確認規定

可多準備幾個塑膠袋，用來裝濕衣物或液體物品

善用尼龍包和夾鏈袋分裝行李

建議將較重的物品放置於行李箱底部

手提行李list

- □ 台胞證
- □ 護照
- □ 信用卡
- □ 現金
- □ 相機
- □ 手機
- □ 原子筆 - - - - 填寫出入境登記表、海關申報單時要用
- □ 行程表（機票／紙本電子機票）
- □ 紙巾／溼紙巾
- □ 手帕
- □ 護唇膏
- □ 絲巾／口罩（有需要的人再帶）

隨身行李有液體物品的限制不能超過100ml